Marcelo Ridenti

POLÍTICA PRA QUÊ?

*Atuação partidária no Brasil contemporâneo
de Getúlio a Dilma*

COORDENAÇÃO
Emir Sader

13ª. edição
Revista e atualizada
Conforme a nova ortografia

Copyright © Marcelo Siqueira Ridenti, 1992

SARAIVA S.A. Livreiros Editores
Rua Henrique Schaumann, 270 — Pinheiros
05413-010— São Paulo — SP
Fone: (0xx11) 3613-3000
Fax: (0xx11) 3611-3308 — Fax vendas: (0xx11) 3611-3268
www.editorasaraiva.com.br
Todos os direitos reservados.

Gerente editorial: Rogério Carlos Gastaldo de Oliveira
Editora-assistente: Solange Mingorance
Auxiliares de serviços editoriais: Rute de Brito e Mari Kumagai
Diagramação: Negrito Produção Editorial
Projeto gráfico de capa e miolo: Negrito Produção Editorial
Pesquisa iconográfica: Helena Okada
Foto da capa: Congresso Nacional, Brasília – Jeremy Woodhouse/Masterfile/Other Images
Produtor gráfico: Rogério Strelciuc
Impressão e Acabamento: Ed. Loyola

Dados Internacionais de Catalogação na Publicação (CIP)
(Câmara Brasileira do Livro, SP, Brasil)

Ridenti, Marcelo
  Política pra quê? : atuação partidária no Brasil contemporâneo de Getúlio a Dilma / Marcelo Ridenti ; coordenação Emir Sader. — 13. ed. rev. e atual. — São Paulo : Atual, 2011.

  ISBN 978-85-357-1383-1 (aluno)
  ISBN 978-85-357-1384-8 (professor)
  Bibliografia

  1. Brasil — História 2. Brasil — Política e governo 3. Partidos políticos — Brasil I. Sader, Emir. II. Título.

11-06526   CDD-320.981

Índices para catálogo sistemático:
1. Brasil : Política e governo 320.981

13ª. edição / 1ª. tiragem
2011

Todas as citações de textos contidas neste livro estão de acordo com a legislação, tendo por fim único e exclusivo o ensino. Caso exista algum texto a respeito do qual seja necessária a inclusão de informação adicional, ficamos à disposição para o contato pertinente. Do mesmo modo, fizemos todos os esforços para identificar e localizar os titulares dos direitos sobre as imagens publicadas e estamos à disposição para suprir eventual omissão de crédito em futuras edições.

Visite nosso site: www.atualeditora.com.br
Central de atendimento ao professor:
0800-0117875

Sumário

Introdução — Política é o fim?..........................5

1. Ordem e progresso..................................9
   O modelo biológico de sociedade......................9
   A política positivista................................12
   O lugar da vontade política..........................14
   O positivismo no cotidiano político brasileiro...........16
   O positivismo da ditadura — 1964-1984................19
   O positivismo democrático...........................23
   Os partidários da ordem.............................25

2. Tudo o que existe merece perecer..................31
   A roda-viva da história..............................31
   Por um partido de trabalhadores......................36
   O marxismo-leninismo...............................38
   A vontade política e seus limites......................42
   Os marxistas no Brasil no século XXI..................45

3. O mundo desencantado............................49
   Os tipos de dominação..............................49
   Classe, *status*, partido e Estado......................54
   Vontade política e liberalismo desiludido...............56
   A realidade fragmentada e os partidos no Brasil.........59

4. Partidos e movimentos políticos 65
   Os partidos no período de 1945-1964..................65
   As origens do bipartidarismo.........................72
   Os partidos e o fechamento do regime militar 77
   Partidos e organizações de esquerda pós-1964 81
   Os partidos e a política de distensão....................84
   A volta do pluripartidarismo.........................88
   O desinteresse político e seus beneficiários 90
   Os partidos nas eleições presidenciais de 1989 92
   O governo e o *impeachment* de Collor 96
   O governo Itamar e o Plano Real..................... 103
   A era FHC.. 106
   A era Lula 111
      O retorno do desenvolvimentismo 116
      O enigma dos anos Lula.......................... 120
   A eleição de Dilma................................. 125
   Representação política e fundo público 127

Conclusão — Duvidar de tudo 133

Bibliografia.. 135

Introdução: Política é o fim?

"Política é o fim", desabafa o personagem de uma canção de Caetano Veloso, saturado da política brasileira. Não é para menos: parece não haver solução para a miséria, a criminalidade, o extermínio de crianças e adolescentes de rua, a irresponsabilidade no trânsito, o arrocho salarial, os assassinatos de líderes sindicais e políticos rurais, a agressão ao meio ambiente, o desrespeito aos direitos humanos e de cidadania. Seguem precárias a educação e a saúde públicas. Prevalece a impunidade para os crimes de colarinho-branco. A corrupção penetra em cada poro da sociedade.

Enquanto isso, elites governamentais aplicam suas receitas econômicas e sociais de cima para baixo. Os inúmeros escândalos, as concorrências fraudulentas, as negociatas de todas as espécies com o dinheiro público, políticos pobres que enriquecem da noite para o dia, o famoso "caixa 2" para sustentar campanhas que garantem reeleições, o poder do dinheiro comprando corações, mentes e corpos, tudo parece um círculo vicioso e corrupto da política, no qual quem pode mais chora menos. É cada um por si e Deus por todos. Deus não é brasileiro? O sambista Adoniran Barbosa já dizia: "Deus dá o frio conforme o cobertor". E, por falar em Deus, certos parlamentares brasileiros aplicam à sua maneira a máxima de São Francisco de Assis, "é dando que se recebe" — um favor ou um cargo público para cá, um voto no Congresso favorável ao governo para lá.

Os cínicos diriam que fazer política é um bom negócio para os que se elegem a cargos públicos. Dá para pôr em ordem a vida da família, dos amigos e dos parentes. Não é à toa que em todas as eleições cresce o número de interessados em se candidatar a postos eletivos. Parece-lhes o meio mais fácil e rápido de subir na vida.

O trágico é que aos poucos nos acostumamos com toda essa situação. É como se ela fosse natural, inevitável. Vamos perdendo a capacidade de nos indignar. A violência do cotidiano social, político e econômico se banaliza. Fechamos nossas janelas "de frente para o crime" e ficamos sentados em frente à TV, "com a boca escancarada, esperando a morte chegar", como cantariam, respectivamente, Aldir Blanc e Raul Seixas.

Pior, a indignação — quando aparece — tende a ser canalizada para alvos antidemocráticos: apoio à pena de morte, ao fechamento do Congresso Nacional, perseguição aos migrantes pobres e assim por diante. O risco maior é que a desilusão com os políticos e com a política redunde em apoio a um golpe de Estado, para supostamente restabelecer a ordem e a moralidade. Quem conhece um pouco de história sabe que esse desfecho é frequente, mas, a médio e longo prazos, só faz agravar a situação política. Por exemplo, os golpistas de 1964 no Brasil alegavam pretender salvaguardar a ordem democrática, eliminar os corruptos, restabelecer a moralidade no país. E o que legaram foi o inverso do que diziam pretender.

"E agora, José, para onde?", perguntaria o poeta Drummond. Não estamos mais em época que permita ilusões de ter as respostas prontas. Por exemplo, poucos ainda apostam na militância num partido dito de vanguarda, que supostamente teria a chave das leis da história, ensinando os caminhos para a libertação popular, prometendo o paraíso na Terra. Mas cabe esperar que tudo se resolva por si só, ou que o barco afunde de vez?

Resta a tentação de ir embora, fazer a vida no Japão, nos Estados Unidos, na Itália, na França ou no Canadá, para logo percebermos que seremos lá cidadãos de segunda classe. Estamos condenados a viver em sociedades governadas pela lógica do dinheiro, pelo poder do capital, sejam elas mais ou menos desenvolvidas, tenham instituições menos ou mais sólidas, mais ou menos corrompidas? Ou será que pode ser diferente, que um dia "vai passar nessa avenida um samba popular", como cantou Chico Buarque?

A saída é enfrentar os problemas, procurar resolvê-los. Se não o fizermos, outros o farão, mas dificilmente em benefício coletivo. Caberá, então, encarar a necessidade da atuação política consciente. Não será possível fazer a omelete sem quebrar os ovos. A difícil arte de fazer uma política de novo tipo consiste em envolver-se na política que está aí, sem sucumbir aos seus vícios. Não há uma receita pronta que mostre como fazer isso.

Portanto, não será possível encontrar nos próximos capítulos uma fórmula ideal para a atuação política. Procura-se discutir brevemente algumas visões clássicas sobre a política contemporânea, para a partir delas abordar aspectos das lutas políticas recentes na sociedade brasileira. Só por meio da ação e da reflexão crítica permanente poderá surgir uma atuação política consciente e transformadora.

Não existe consenso entre os cientistas sociais sobre o que seria a política no mundo contemporâneo. O mundo das mudanças permanentes, econômicas, sociais, políticas, ideológicas, científicas, tecnológicas, culturais, enfim, aquele que nasceu com a Revolução Industrial e com o capitalismo moderno, a partir do fim do século XVIII. É incontável o número de teóricos que têm se preocupado com a política; não seria possível nem interessante abordá-los todos neste pequeno livro. Entretanto, com propósito didático, mesmo correndo o risco de um certo esquematismo reducionista, de uma simplificação excessiva, vale a pena tomar como referenciais para a análise da ação política as três grandes correntes de pensamento sociológico: a positivista ou funcionalista; a crítica ou socialista; e a compreensiva. As análises políticas dessas correntes são portas de entrada para uma reflexão sobre as possíveis atuações políticas na sociedade brasileira de hoje. Em síntese, faremos um exercício de interpretação da atuação política no Brasil contemporâneo, a partir das coordenadas de três referenciais teóricos clássicos. O propósito não é reduzir as práticas políticas a esses referenciais, nem estigmatizar esta ou aquela tendência ou posição política como "socialista", "funcionalista" ou "liberal". O que importa é abrir perspectivas de interpretação que ajudem a entender as possibilidades de ação política, colaborando para que se opte conscientemente por uma atuação política na sociedade brasileira.

O destaque principal será dado aos partidos e à ação política, dos tempos de Getúlio Vargas, em meados do século passado, até os dois governos de Lula e a eleição de Dilma Rousseff, em pleno século XXI.

1. Ordem e progresso

As palavras que ficam no centro da bandeira do Brasil são conhecidas de todos. Mas nem sempre se sabe de onde elas vêm. "Ordem e progresso" é o lema do positivismo, escola sociológica fundada por Auguste Comte (1798-1857), no século XIX, na França. O positivismo teve seus adeptos entre os republicanos brasileiros, sobretudo militares, que conseguiram deixar seu lema bordado na bandeira verde, amarela, azul e branca. Desde então, algumas ideias positivistas tornaram-se dominantes no Brasil, presentes não apenas nos cérebros e nas ações dos donos do poder, mas também aceitas e praticadas inconscientemente pela maioria da população, a ponto de integrarem o senso comum — entendido como ideias gerais incorporadas por quase todos, de modo que quem delas diverge aparece como exceção, destoa do conjunto.

O modelo biológico de sociedade

Na visão positivista, cujo teórico mais importante foi o sociólogo francês Émile Durkheim (1858-1917), a sociedade contemporânea é analisada como um todo orgânico, regulado por leis naturais. A sociedade seria um organismo composto por partes diferentes, mas mutuamente dependentes, da mesma forma que o organismo de um ser vivo é composto por vários órgãos interdependentes.

O modelo desse tipo de pensamento está na biologia. Por exemplo, o corpo de um animal, como um todo, só sobrevive a partir do bom funcionamento de cada um dos seus órgãos (coração, fígado, cérebro etc.). Sua existência saudável depende de leis naturais, que existem objetivamente, independes de quaisquer vontades individuais, consagrando uma harmonia biológica natural. Essa harmonia só se quebra por exceção, em caso de doença. A integração, a interdependência entre os diversos órgãos do animal é a regra, que prevalece enquanto ele tem saúde. Se não há integração entre os órgãos, é sinal de que o animal está doente, podendo até morrer. Cabe então à biologia e à medicina veterinária descobrir o funcionamento normal do seu organismo, para então definir a doença e estabelecer-lhe a cura, que permite ao conjunto continuar a desenvolver-se como um todo harmônico e naturalmente saudável.

Por analogia, aconteceria algo parecido com o organismo social, isto é, com a sociedade. Ela também seria regida por leis naturais, invariáveis, independentes da ação e da vontade dos indivíduos. Uma harmonia natural reinaria no organismo social: cada um dos órgãos (segmentos, partes da sociedade) teria uma função específica, diferente das demais, mas funcionando integradamente para o bom desenvolvimento da totalidade do corpo social. Da mesma forma que cérebro, rins e pulmões têm funções específicas e distintas, mas agem integrados para o bom desempenho do organismo animal.

A regra seria a integração entre as partes que compõem o organismo social (por isso a sociologia positivista também é chamada "sociologia da integração"). Cada parcela da sociedade teria sua função específica (daí essa corrente ser conhecida também como "funcionalista"), indispensável ao funcionamento integrado, harmônico, pacífico do corpo social. Portanto, a regra, o padrão de normalidade da vida em sociedade seria a integração, o consenso, a conciliação, o funcionamento harmônico das várias partes que a compõem. Só com a harmonia entre as partes, dentro da ordem natural das coisas, é que se tornaria possível a sociedade crescer como um todo, desenvolver-se, atingir o progresso. Daí o lema "ordem e progresso".

Se cada um passasse a contestar o seu lugar natural no interior da sociedade, desconhecendo a importância de sua função específica, por mais simples que ela fosse, para o funcionamento do todo social, a sociedade deixaria de progredir e passaria a desagregar-se. Uma sociedade saudável e progressista seria aquela em que todos trabalhassem em ordem e com afinco para o desenvolvimento do corpo social, que traria a todos o fruto do progresso. A regra normal seria a integração entre os membros da sociedade, indicativa de sua saúde. Já os conflitos seriam vistos como exceção, sintoma de doença no organismo social. Doença que deveria ser tratada para a sociedade voltar aos padrões de normalidade, isto é, voltar à ordem indispensável, retomar o progresso técnico, social, econômico, político, cultural etc.

Ora, se na visão positivista o normal é a integração e o anormal é o conflito entre as partes, como explicar tantos conflitos nas sociedades contemporâneas? É que, para os positivistas, as sociedades posteriores à Revolução Industrial têm uma dinâmica muito rápida de criação de novas relações sociais, sem tempo suficiente para sedimentar usos e costumes que gerariam uma regulamentação legal adequada sobre os direitos e deveres das partes que compõem o todo social. Em resumo, as sociedades contemporâneas tenderiam a viver estados de anomia, isto é, de ausência de leis claramente estabelecidas para guiar a conduta dos indivíduos. Estes entrariam em conflito entre si, por não reconhecerem claramente as normas naturais que deveriam respeitar para o bom andamento da vida social.

A persistência desses conflitos, do estado de anomia, seria um risco para a continuidade da vida em sociedade, pois instalaria o caos e a desordem que impedem o progresso. Daí a necessidade de surgir uma ciência específica, a sociologia, para estudar o funcionamento das instituições ou fatos sociais. A sociologia seria uma espécie de biologia social, estudaria o desenvolvimento natural do organismo social, da mesma maneira que os biólogos estudam o funcionamento dos organismos vivos — inclusive no tocante ao método de estudo, exterior ao objeto analisado: o sociólogo observaria a sociedade como um olho pairando sobre ela, com a mesma neutralidade e ausência de juízos de valor com que um biólogo, um físico ou um químico se posicionam diante de uma matéria desconhecida nos seus campos de trabalho.

O cientista social estudaria o funcionamento normal da sociedade, detectando suas doenças e indicando possíveis curas para elas. Por exemplo, Durkheim apontava na sua época (final do século XIX) a existência de anomia nas relações entre capital e trabalho na sociedade francesa. Via uma ausência de leis para regular as relações entre patrões e empregados, o que os levaria ao conflito, gerador de caos e desordem social. As relações de trabalho na indústria moderna seriam relativamente novas, sem que tivesse havido tempo para que as funções sociais que nasciam se harmonizassem. Daí os conflitos entre elas, os quais seriam sanados assim que surgisse uma legislação trabalhista adequada. Uma vez estabelecida essa legislação, o conflito daria lugar à integração sadia entre capital e trabalho. A ordem, indispensável ao progresso da sociedade no seu todo, seria restabelecida. Se Durkheim fosse vivo, provavelmente diria: "vejam como eu tinha razão, como patrões e empregados se harmonizaram para o progresso de nações como os Estados Unidos, a França e a Suécia, depois que foram estabelecidas normas trabalhistas específicas para regular as relações entre eles".

A política positivista

A essa altura, o leitor deve estar se perguntando onde entra a política nesse pensamento, afinal de contas. A resposta é que ela entra justamente nesse ponto: o cientista social pode lançar mão de seu instrumental de análise para detectar a normalidade e a doença da sociedade, mas não tem condições de atuar no sentido de pôr em prática as suas descobertas. Só os políticos podem fazê-lo, como integrantes do Estado, que, na visão positivista, encarna o bem comum. O Estado seria uma entidade acima dos indivíduos e dos grupos sociais em particular, tendo por função coordenar a sociedade em seu conjunto. A comparação com o mundo biológico continua presente: o Estado está para a sociedade em sua totalidade, assim como o cérebro está para um organismo animal. Ele tem a responsabilidade de coordenar as funções de todos os órgãos para que o corpo se mantenha saudável. O Estado seria o cérebro social, o lugar da política que zela pelo bem comum.

Estamos vendo que a concepção positivista de política é a de uma ciência social aplicada. O político deve aplicar na prática as descobertas da ciência social, que solucionarão os conflitos sociais e políticos. Se o fizer, a sociedade pode integrar-se e desenvolver-se. Caso contrário, fica atolada no caos e na anarquia. Então, conclui-se que a atuação política pode e deve ser formulada cientificamente, não para gerar, mas para combater conflitos.

Dessa perspectiva, o futuro político é previsível, decorrência do desenvolvimento natural do presente. Da mesma forma que se pode prever como será o organismo de um animal recém-nascido quando for adulto se ele crescer com saúde, também se pode prever o futuro da sociedade se ela se mantiver saudável. Esse futuro será, para os positivistas, o de uma sociedade industrial em que estarão harmonizadas as relações entre capital e trabalho. Qualquer proposta socialista de ruptura do trabalho em relação ao capital estaria inscrita nas utopias irrealizáveis que, na prática, só geram caos e anarquia.

O lugar da vontade política

Na visão de mundo positivista, qual o âmbito para a realização das vontades políticas? Qual o espaço para que os homens façam sua história? Qual o grau de autonomia e de criatividade dos indivíduos, dos grupos e das classes sociais na sua atuação política? Num sentido, o lugar da vontade dos homens seria bastante limitado, já que eles só se reconheceriam como membros de uma sociedade. Na tradição positivista, os indivíduos isoladamente pouco significam, não se distinguem dos outros animais. Sua existência só faz sentido dentro da sociedade, que os educa para se tornarem seres sociais, civilizados. Sobretudo pela educação, na família e na escola, a sociedade ensina a seus integrantes as normas de vida coletiva, como o uso da linguagem, o amor à pátria, o respeito ao matrimônio, aos superiores hierárquicos, aos poderes constituídos etc. Uma sociedade ordeira e próspera seria aquela capaz de sociabilizar seus integrantes adequadamente, de fazê-los incorporar como valores individuais as regras de conduta que a sociedade impõe.

Eis um exemplo simples: a regra de tomar banho diariamente é uma norma imposta socialmente no Brasil (tomar banho é uma necessidade biológica, mas a frequência com que se toma banho é uma regra social, que pode variar de lugar para lugar. Tanto que em alguns países não é usual banhar-se todos os dias). Se nós tivermos sido bem educados no Brasil, parecerá que tomar banhos diários é algo natural, que brota espontaneamente de nós mesmos, quando na verdade trata-se de uma norma imposta socialmente. Da mesma forma que incorporamos como um valor pessoal o banho diário, de acordo com nossa vontade subjetiva, devemos também interiorizar as demais regras sociais.

Por outro lado, Durkheim afirmava que uma característica das sociedades contemporâneas seria realçar o papel do indivíduo. Elas se caracterizariam por uma extrema divisão social do trabalho, de modo que cada um de seus membros dependeria de todos os demais para sobreviver, o que implicaria uma diferenciação de funções a gerar solidariedade entre elas. Por exemplo, no cotidiano dependemos do trabalho de milhares de outras pessoas para realizar um mínimo ato, como o consumo de um pão comprado na padaria. Imaginem quantos trabalharam para produzi-lo: os que adubaram e araram a terra, os semeadores do trigo, os colhedores, os que produziram as sementes, aqueles que fabricaram os tratores usados na produção do trigo, os que produziram o combustível para mover o trator e a tinta para pintá-lo, os que transportaram e comercializaram o trigo, os que fizeram a farinha e o saco para ela, os padeiros, aqueles que construíram a padaria e os fornos, os vendedores. Enfim, para o ato banal de consumir um pão, dependemos do trabalho de um número incalculável de indivíduos, cada um com sua tarefa, com sua função. É isso o que, para Durkheim, nos une uns aos outros e torna a sociedade contemporânea coesa, solidária.

Essa sociedade industrial moderna destacaria como nunca as individualidades, na medida em que cada um tem um papel específico e diferenciado dos demais no processo produtivo. Por mais simples que seja a tarefa de um operário, por exemplo, ele jamais seria equiparável a uma máquina, a um mero robô, porque tem consciência da importância do seu trabalho para o funcionamento da sociedade. Portanto, à sua maneira, Durkheim louva a individualidade. Porém, uma individualidade que é fruto do avanço da sociedade. Quanto mais o homem é individualizado, tanto mais ele depende da sociedade, que progride com a crescente divisão social do trabalho.

O progresso social e a liberdade individual caminhariam no mesmo sentido. As vontades individuais e grupais seriam, assim, canalizadas para o desenvolvimento da sociedade, que só seria possível dentro da ordem.

Politicamente, caberia aos indivíduos e grupos sociais "remar a favor da maré", no sentido do progresso, em conformidade com as leis que regem o desenvolvimento social e que estão postas fora e acima de suas vontades particulares, no plano do conjunto da sociedade. Logo, não caberia à atuação política dos homens mudar as leis da sociedade, pois isso iria contra seus próprios interesses e estaria além de suas forças. Caberia a eles contribuir para que essas leis se cumprissem.

Nessa visão de mundo, a vontade política deve dirigir-se para a aceleração da marcha do desenvolvimento ordeiro, reintegrando ou punindo os que se opuserem a ela.

O positivismo no cotidiano político brasileiro

Talvez as ideias positivistas possam parecer um pouco esquisitas, distantes da nossa realidade. Essa coisa de organismo social, anomia, progresso... Como afirmar, então, que elas vigoram no Brasil, inclusive incorporadas ao senso comum? Pois bem, vejam-se exemplos da atualidade desse ideário. Quantas vezes já não deparamos com avaliações de jornalistas, políticos e até colegas que afirmam que "o Brasil está doente"? Elas são tipicamente positivistas. É como se pudéssemos descobrir a cura para que o organismo social brasileiro voltasse a funcionar harmônica e integradamente. Uma outra frase tão comum quanto a citada, no mesmo sentido: "É preciso acabar com o caos e a desordem no Brasil". E outras: "Estudante é para estudar, não para fazer política"; "Religião e política não devem ser misturadas"; "Política não se discute". É como se a política fosse algo acima dos indivíduos, com uma lógica natural que não pode nem deve ser questionada por estudantes, por religiosos, por ninguém. O lugar próprio para ela seria o Estado, que zela pelo bem comum, em nome de todos. O dever dos cidadãos seria colaborar para o desenvolvimento político saudável da ordem estabelecida.

E o discurso oficial dos políticos é o de que eles defendem os interesses da sociedade em seu conjunto, o bem comum. Quase todos os cidadãos concordam que o Estado é uma entidade acima dos indivíduos, dos grupos e das classes, capaz de pensar o destino e os interesses do conjunto da sociedade. Essa ideia, difundida por todo lado e que parece uma verdade banal, é parte do ideário positivista, estando longe de ser consensual entre os estudiosos do Estado e da política, como logo veremos.

O que dizer da opinião, veiculada em jornais, rádios, televisões, cinemas ou no boteco da esquina, de que patrões e empregados, capital e trabalho, ao invés de lutarem entre si, devem dar-se as mãos para atingir o desenvolvimento das empresas e do próprio país? É tipicamente positivista. No princípio dos anos 2000, após longo período de estagnação da economia brasileira, tornou-se comum o discurso de que "é preciso retomar o desenvolvimento", sem mais adjetivos. Ora, poucos perguntam que tipo de desenvolvimento e para quem, atitude nitidamente positivista, que supõe que todos são igualmente beneficiados pelo progresso.

Outro exemplo da presença positivista no nosso ideário político é o frequente chamamento à "conciliação", ao "entendimento nacional", ao "consenso" na sociedade e na política. Há décadas ouve-se dizer que o Brasil precisa de harmonia, de consenso entre os componentes da sociedade, de solidariedade e conciliação entre as classes. Ao longo do tempo variaram os que pronunciavam o discurso. Primeiro os sucessivos governos militares, depois os civis, incluindo as oposições "bem-comportadas", que têm sido a quase totalidade. "O país precisa de conciliação, precisa buscar o consenso social que permita retomar o desenvolvimento", eis o lugar-comum positivista repetido por políticos de vários partidos, que defendem um pacto social, o entendimento entre indivíduos, grupos e classes sociais para estabelecer normas consensuais de convivência que embasariam o progresso do país. Como se vê, longe de ser um lema ultrapassado, estampado na nossa bandeira, ordem e progresso são ideias que continuam em voga.

Este não seria o lugar para uma crítica e um balanço das contribuições da vertente política e sociológica positivista. Será suficiente mostrar, adiante, que existem outras maneiras de encarar a política e a sociedade. No entanto, cabe sugerir que a questão a ser colocada não é simplesmente negar o lema "ordem e progresso", mas perguntar: qual ordem, para o progresso de quem? A quem interessa a manutenção da ordem estabelecida, e quem vai ganhar, progredir, com a sua manutenção? As respostas ficam em aberto e, em grande medida, direcionam as atuações políticas. Pois é justamente o fato de haver respostas diferentes a essas indagações que dificulta o almejado consenso político, o pacto social, a conciliação e o entendimento nacional com que tantos sonham.

Aqueles que respondem a essas questões colocando que a manutenção da ordem estabelecida interessa e trará o desenvolvimento ao conjunto da sociedade podem ser identificados com o pensamento positivista. Essa visão de mundo, no entanto, não tem só uma vertente, nem gera necessariamente um único tipo de atuação política. Eis dois exemplos recentes da história do Brasil, ambos fundados numa visão de mundo que poderíamos chamar positivista. Um deles é a ideologia de reforma e "modernização conservadora" da sociedade, que redundou politicamente na ditadura em vigor de 1964 a 1985, com uma sobrevida nos governos Sarney e Collor. O outro propõe mudanças socializantes para o Brasil dentro da ordem capitalista.

São duas possibilidades diferenciadas para a atuação política, embora ancoradas num mesmo tipo de análise da realidade social: de um lado uma saída reformista e autoritária para garantir a ordem e atingir o progresso no Brasil (o projeto dos regimes militares), e de outro lado uma saída reformista e democrática que procuraria consolidar as instituições, a ordem democrática, para retomar o desenvolvimento, o progresso do país. Esta era a visão dominante nos setores da oposição consentida ao regime militar, então organizada no Movimento Democrático Brasileiro (MDB). Depois da reforma partidária de 1979, com o pluripartidarismo, prevaleceu como ideologia também em outros partidos e na Constituição de 1988.

O positivismo da ditadura — 1964-1984

No princípio de 1964, a cena política brasileira estava conturbada por uma série de fatores. A inflação beirava inéditos 100% anuais. Os trabalhadores rurais organizavam-se e exigiam a reforma agrária, "na lei ou na marra". Os estudantes pediam o ensino público e gratuito e a ampliação do número de vagas em todos os níveis, incluindo uma reforma universitária. Os operários começavam a romper as amarras da ideologia populista em vigor desde 1946, fazendo exigências de redistribuição de riquezas que o patronato não estava disposto a aceitar. Os militares de baixa patente, sobretudo marinheiros e sargentos, questionavam a hierarquia nas Forças Armadas. As ideias socialistas ganhavam terreno, paralelamente a um nacionalismo radical de esquerda. Pipocavam revoluções de libertação nacional, como a Cubana, que pareciam ser exemplos a serem seguidos em toda a América Latina. Havia um florescimento cultural, marcado — no cinema, no teatro, na música popular — pelo projeto de conscientização que levaria as produções culturais até o "povo", tomado como tema de músicas, filmes e peças teatrais. O Partido Comunista Brasileiro (PCB) influenciava como nunca, política e culturalmente, a sociedade brasileira, ainda que essa influência fosse limitada.

O governo, até março de 1964, estava nas mãos de João Goulart, vice-presidente eleito que tomara posse após a renúncia de Jânio Quadros, em 1961. Goulart governava contra a vontade de conservadores e militares, porque fora eleito com apoio da esquerda, além de ter sido um ministro do Trabalho aberto a concessões trabalhistas durante o governo democrático de Getúlio Vargas, nos anos de 1950. Seu governo parecia, na visão dos direitistas, demasiado fraco para conter a inflação, o "avanço comunista", a corrupção que grassava no governo e a insubordinação social, especialmente no interior das Forças Armadas, além de ser suspeito de organizar um golpe de Estado para se preservar no poder e criar uma suposta "república sindicalista", apoiada nas bases sindicais do Partido Trabalhista Brasileiro (PTB).

Em resumo, no início de 1964 o país vivia uma conjuntura que parecia de caos, desordem e anarquia para a maioria dos oficiais militares, das elites políticas (deputados, governadores, senadores), dos empresários e das classes médias. Esses segmentos sociais trataram de se organizar para restaurar a ordem. Em 31 de março, tanques do Exército partiram de Minas Gerais, iniciando o processo golpista que derrubaria o governo constitucional de Goulart, abrindo um período ditatorial de vinte anos na história brasileira. Sucederam-se os governos presididos pelos comandantes militares Castelo Branco, Costa e Silva, Médici, Geisel e Figueiredo, de 1964 a 1985. Foram governos que tiveram diferenças entre si e passaram por diversas conjunturas políticas. Todavia, tiveram em comum a ideologia de "segurança e desenvolvimento", implantando o que vários autores chamam de "modernização conservadora" no país.

Tratava-se de reorganizar a sociedade brasileira, criar uma ordem na qual cada um faria a sua parte, ocuparia disciplinadamente a sua função na sociedade, condição indispensável ao desenvolvimento, mesmo que para isso fosse necessário o uso da força. Era preciso calar os críticos da nova ordem, tidos como verdadeiras doenças cancerígenas a serem extirpadas do corpo social. Além da repressão aos opositores, caberia ao Estado estabelecer e implantar as grandes metas de desenvolvimento nacional. Surgia o projeto do Brasil como potência do futuro, com pesados investimentos estatais em indústrias de base, estradas de rodagem, hidrelétricas, usinas nucleares e extração de minérios, subsidiando setores empresariais privados importantes para o projeto, tudo mediante empréstimos no exterior e uma política de contenção salarial.

Os militares e tecnocratas no poder, apoiados nas classes economicamente privilegiadas, tratavam de modernizar o capitalismo brasileiro, procurando fazê-lo acompanhar o ritmo das

O golpe de 1964 veio implantar a doutrina de segurança e desenvolvimento, de inspiração positivista autoritária.

economias capitalistas centrais — europeias e norte-americanas —, integrando-se a elas. Essa modernização era conservadora, considerando que não promovia reformas sociais, políticas ou econômicas que contemplassem a maioria da população brasileira. Pelo contrário, a modernização era imposta para proveito de uma minoria, à custa da maioria — que sofria arrocho salarial e cerceamento das liberdades políticas, indispensável para evitar protestos. Isso levou a que, entre 1965 e 1979, depois de desmantelar as organizações sindicais e políticas combativas, a ditadura só permitisse a existência de dois partidos. Como se dizia na época, o "partido do sim" (MDB, a oposição consentida e "construtiva", que só seria oposição de fato a partir de meados dos anos de 1970) e o "partido do sim, senhor" (Aliança Renovadora Nacional — Arena — totalmente subserviente ao governo).

Depois de 1964, criou-se um Estado forte, para levar adiante o desenvolvimento capitalista do Brasil, ainda que à custa do agravamento das desigualdades políticas, sociais e econômicas, tidas como cientificamente necessárias numa primeira etapa do processo de desenvolvimento. Era corrente a versão simplificada da filosofia econômica dos poderosos, a chamada teoria do bolo: antes de reparti-lo seria preciso fazê-lo crescer, e todos teriam de colaborar para isso, gostassem ou não. Mas os trabalhadores ficaram com o prato na mão e água na boca, esperando a sua parte, que nunca veio.

A modernização econômica implantou-se pelo fuzil da contrarrevolução política de 1964. O regime militar, por um lado, garantia a ordem capitalista pelo uso da força contra os oposicionistas. Por outro, procurava modernizar a máquina burocrática do Estado e implementar um setor público da economia, integrando-a ao capitalismo internacional. A burguesia brasileira fazia a "revolução" à sua moda: integrava-se como associada e dependente do capitalismo internacional, sob a égide de um Estado forte, para garantir a ordem e a segurança indispensáveis ao desenvolvimento de seus negócios, que prosperavam como nunca dentro do planejamento governamental. Valia a pena, mesmo que isso custasse a setores burgueses um convívio às vezes incômodo com os militares no poder. Estes, no seu ideário positivista reelaborado, viam-se como defensores da ordem e do progresso da nação brasileira e do "mundo livre". Jamais dos interesses dos capitalistas, particularmente.

Portanto, houve durante a vigência da ditadura uma realização autoritária das ideias positivistas, sintetizada na política de "segurança e desenvolvimento". O Estado garantia a ordem interna a qualquer preço, ao mesmo tempo que aplicava politicamente as fórmulas de desenvolvimento descobertas por seus quadros científicos e tecnológicos, sobretudo economistas, os quais supostamente seriam técnicos neutros, imparciais — social e politicamente —, em busca do bem comum. A atuação e a vontade política dos cidadãos deveriam estar voltadas não para protestos que a nada conduziriam, a não ser à desordem, mas sim para o aceleramento do progresso da Pátria de maneira disciplinada e consciente, seguindo a "corrente pra frente", como propunha um *slogan* governamental.

Porém, o ideário positivista pode informar outros tipos de atuação política, diferentes do autoritarismo de um Estado forte e ditatorial, que supostamente encarnaria os interesses do bem comum nacional, do conjunto da sociedade, assegurando pela força e pelo planejamento o melhor caminho para ela. Por exemplo, também poderia fundar-se nas ideias positivistas um caminho de reformas sociais e econômicas progressistas, a partir da ação política de um Estado democrático, como agora veremos.

O positivismo democrático

Em 1984, a maioria dos partidos de oposição ao regime militar conseguiu eleger o representante da ala mais moderada do Partido do Movimento Democrático Brasileiro (PMDB), Tancredo Neves, à Presidência da República, ainda que indiretamente, em um colégio eleitoral. Seu vice era José Sarney, antigo líder situacionista que rompera com o governo para juntar-se à Frente Liberal, composta por outros dissidentes do partido governista, o Partido Democrático Social (PDS). Com a súbita morte de Tancredo, Sarney assumiu a Presidência, tendo a missão de coordenar a transição do país à democracia.

Embora diferente daquela do regime militar, a ideologia dos que davam sustentação política ao novo governo tinha parentesco com o positivismo. Ainda que não explicitamente, tratava-se novamente do binômio "ordem e progresso". Fazia-se necessário consolidar uma ordem democrática no país, para retomar o desenvolvimento, já que o modelo econômico implementado pelo regime militar revelava seus limites: criara um fosso enorme entre uma minoria com acesso privilegiado à modernização e à riqueza e uma maioria de destituídos, em condições de pobreza ou de miséria. A existência desse fosso seria um entrave à construção de uma ordem democrática estável e, consequentemente, à retomada do progresso, do desenvolvimento do capitalismo no Brasil. Seria necessário implantar reformas para diminuir o fosso, resolvendo os conflitos sociais gerados por ele.

Esse tipo de ideologia levou o governo Sarney a apoiar a iniciativa do professor Hélio Jaguaribe, do Instituto de Estudos Políticos e Sociais, de fazer uma pesquisa sobre os problemas sociais brasileiros, que originaria a proposta de um pacto social para erradicar a miséria até o ano de 2000. Surgiu assim o projeto Brasil 2000, para um novo pacto social. Hélio Jaguaribe coordenou uma equipe de pesquisadores que fez um diagnóstico da mazela social nacional, propondo medidas para um plano de desenvolvimento social que até o final do século elevaria o nível de vida da maioria da população a um estágio semelhante ao dos países da Europa mediterrânea, como Itália e Espanha. Esse plano daria as bases para uma "democracia estável e socialmente responsável", construída de "forma basicamente consensual".

Pode-se imaginar algo tão exatamente positivista quanto o reformismo desse projeto? Sob patrocínio do governo, cientistas sociais faziam diagnósticos do funcionamento da sociedade brasileira, interessados em descobrir soluções para seus males, a fim de enfrentar o estado de anomia. Seria necessário acabar com o caos diagnosticado, a partir de um pacto social que harmonizasse os interesses dos diversos grupos integrantes da sociedade. Os cientistas sociais teriam capacidade para observar e descobrir a doença social, apontando soluções que permitissem à nação viver e progredir sob uma ordem democrática estável. No entanto, eles não teriam poder político para implantar as soluções descobertas: só o Estado poderia tomar as medidas indicadas pelos cientistas sociais, através de leis reformistas. Dessa ótica, se os políticos do governo seguissem o plano sugerido, a sociedade brasileira recobraria a saúde, rumando firme para crescer e eliminar a miséria até o ano de 2000. Caso contrário, haveria a continuidade do caos.

Eis aí um exemplo claro de possível atuação política reformista e democrática, a partir do ideário positivista. Porém a história do Brasil não registraria muito sucesso para esse tipo de política, embora pródiga em exemplos de aplicação autoritária das ideias positivistas. Pronto o projeto, feitos os elogios de praxe ao trabalho dos cientistas envolvidos, e destacada nos discursos a importância de "resgatar a dívida social", o destino do Brasil 2000 foi o fundo de uma gaveta. As elites brasileiras teriam real interesse em abrir mão de alguns privilégios, a fim de eliminar o fosso que separava os poucos ricos dos milhões de pobres? Nada indicava que sim, daí o melancólico desfecho do projeto. Surpreendentemente, um pacto social velado seria conseguido apenas a partir do governo Lula, no começo do século XXI, como veremos no capítulo final.

Os partidários da ordem

Como atuam politicamente os que se identificam com visões de mundo positivistas? Em que sentido direcionam sua vontade política na nossa sociedade?

Os que optam por uma interpretação mais conservadora do lema "ordem e progresso" militam ou votam no que se poderia chamar de partidos da ordem, que no Brasil do início dos anos de 1990 eram principalmente o PDS[1] e o Partido da Frente Liberal (PFL) — que se originou de uma cisão daquele no final da ditadura e, em 2007, assumiu o nome Democratas e a sigla DEM. Sem contar uma série de pequenos partidos, compostos principalmente por políticos ditos fisiológicos. Eles viveriam da troca de favores com o governo, unindo-se a oportunistas espalhados por quase todos os partidos, cuja atuação parlamentar seria reconhecível pelo lema "é dando que se recebe": o governo atenderia a certas reivindicações de parlamentares em troca de

---

1. Em abril de 1993, o PDS fundiu-se com o pequeno Partido Democrata Cristão (PDC), criando o Partido Progressista e Renovador (PPR). Em setembro de 1995, houve a fusão do PPR com o Partido Popular, dando origem ao Partido Progressista Brasileiro (PPB). Em 2003, o PPB passou a chamar-se Partido Progressista (PP).

O projeto Brasil 2000 foi formulado durante o mandato do então presidente da República José Sarney.

seu apoio. Por exemplo, não faltaram políticos desse tipo tanto nos governos de Fernando Henrique Cardoso como nos de Lula e Dilma, já avançando pelo século XXI.

Outros, consciente ou inconscientemente identificados com a visão de mundo positivista conservadora, preferem não participar da vida política. Não se interessam por ela, já que a ordem estabelecida lhes parece algo natural, acima de suas vidas cotidianas e que não lhes diz respeito. Só se importam quando seus interesses individuais são afetados. Com isso, acatam sempre as ordens dos donos do poder.

Há ainda os que, não se conformando com a bagunça, o caos e a libertinagem supostamente existentes, aguardam ansiosos a volta de um regime de força, que obrigue cada um a ocupar o seu lugar na sociedade: um lugar para cada coisa e cada coisa em seu lugar. Mesmo depois do fim do regime militar, a julgar pelo número expressivo de votos obtidos por políticos identificados com a visão conservadora da ordem e do progresso, ainda é bastante significativa essa maneira de encarar a política e a vida social.

De inspiração positivista reformista e democrática, o projeto Brasil 2000 foi elaborado por Hélio Jaguaribe.

A visão de mundo positivista, que instintivamente é a das classes dominantes, ainda é hegemônica, amplamente majoritária na sociedade e na política brasileira, quer nas suas vertentes mais conservadoras, que apoiaram o regime militar e depois os governos civis, quer nos seus ramos mais reformistas. Estes predominaram na oposição institucional à ditadura militar, estando brevemente no poder durante a primeira metade do governo Sarney — alguns passaram à oposição assim que Sarney optou por uma política claramente moderada, ao passo que outros apoiaram o governo até o fim, mesmo sem ter poder decisivo no seu interior e à custa de oneroso desgaste, supostamente para garantir a transição democrática.

No governo Collor, os positivistas reformistas integrariam as oposições, das mais comedidas às mais extremadas. Eles estariam presentes em partidos como o PMDB, o PSDB (Partido da Social Democracia Brasileira), o PDT (Partido Democrático Trabalhista), que não eram compostos unicamente por políticos identificados com o que chamamos de reformismo democrático positivista, presente também em setores do Partido dos Trabalhadores (PT), que acreditariam na possibilidade de consenso social num Estado defensor do bem comum. Evidentemente, haveria diferenças entre as propostas de reformas sociais dentro da ordem para a retomada do progresso, algumas mais ousadas, outras mais moderadas, tanto que o ideário positivista estaria presente em partidos políticos e governos distintos, inclusive nos de Fernando Henrique e Lula, abordados mais adiante.

O positivismo reformista democrático é uma ideologia que tem perpassado também os movimentos sociais. Na área sindical, por exemplo, ele marca os adeptos do chamado sindicalismo de resultados, que separa as reivindicações econômicas das políticas, acatando a ordem estabelecida e a organização social, política e econômica capitalista, lutando apenas por um lugar mais decente para os trabalhadores dentro dessa ordem — tida como inevitável —, podendo ser aperfeiçoada como resultado de lutas trabalhistas.

No movimento ecológico também há os que não questionam a ordem capitalista e seu progresso, procurando apenas reformas para compatibilizá-las com o respeito à natureza. Também nos movimentos feministas existe quem não questione propriamente a ordem estabelecida, almejando essencialmente integrar as mulheres a ela, com os mesmos direitos dos homens, colaborando com eles para o desenvolvimento do conjunto da sociedade.

Poderiam ser citados inúmeros outros exemplos, já que o positivismo se confunde com a própria ideologia burguesa, dominante e hegemônica no seio da sociedade brasileira. Por isso, mesmo sem querer, muitas vezes pensamos e agimos à moda positivista, incorporamos de tal modo as ideias dominantes que não nos damos conta disso. Embora muito se fale sobre a crise do paradigma funcionalista ou positivista, ele continua "fazendo as nossas cabeças", tenhamos ou não consciência disso.

Em qualquer das suas vertentes, a visão de mundo positivista no tocante à atuação política pode implicar a delegação das decisões políticas a tecnocratas e políticos profissionais, que decidem pelo conjunto do povo, em nome do bem comum. Pode ainda implicar a canalização da vontade política para atuar em qualquer partido ou movimento social, desde que se busque a conciliação, o consenso, o entendimento entre os indivíduos, os grupos e as classes sociais, evitando os conflitos e cumprindo as leis estabelecidas, procurando sempre contribuir para o desenvolvimento econômico, político, social e cultural da sociedade brasileira como um todo, dentro da ordem.

Essas diversas vertentes podem ser denominadas positivistas, pois procuram afirmar, positivar a ordem, lutando contra os que pretendem negá-la, transformá-la e, no limite, colocar outra ordem em seu lugar. Vejamos agora uma perspectiva contrária, a socialista, teoria crítica que nega o capitalismo.

2. TUDO O QUE EXISTE MERECE PERECER

Seria equivocado identificar a tradição socialista de pensamento e atuação política apenas com o legado de Karl Marx (1818-1883). No entanto, pode-se dizer que, em seu tempo, Marx foi o principal teórico revolucionário, dentre tantos intelectuais de diversas correntes socialistas, e que a elaboração teórica mais bem-acabada, a que teve maior influência sobre os socialistas do século XX, foi a dele. Daí valer a pena nos determos um momento no significado da ação política para este pensador, destacando posteriormente aspectos da atuação dos marxistas brasileiros.

A roda-viva da história

Segundo Marx, não seria possível fazer uma análise da política destacada da economia e da sociedade. A atuação política seria inseparável da maneira pela qual os homens se relacionam entre si para produzir riquezas. Caberia perceber a realidade social como totalidade, em que uma dimensão, um aspecto, um elemento do real só poderia ser compreendido em relação ao conjunto. Porém, a totalidade social não seria orgânica, harmoniosa, como pensavam os positivistas, e sim contraditória, conflitiva, composta de partes que aparentemente seriam integradas, mas no fundo guardariam incompatibilidades entre si, o que impulsionaria a realidade social a transformar-se continuamente, seguindo em movimento perpétuo, de modo que nada seria eterno, absoluto.

A frase que Marx mais apreciava na literatura estava no *Fausto*, de Goethe: "Tudo o que existe merece perecer". Isto é, tudo o que existe um dia acaba, ou, como Marx e Engels escreveram no *Manifesto comunista*, de 1848, "tudo o que é sólido desmancha no ar". Vale dizer, a totalidade social estaria sempre em movimento contraditório, transformando-se, impulsionada pelos conflitos sociais que traria em seu interior. Por exemplo, Marx analisava a sociedade capitalista de seu tempo como sendo, aparentemente, uma totalidade integrada por polos complementares: empresários e trabalhadores (capital e trabalho). Por um lado, haveria a tendência de que capital e trabalho colaborassem entre si, mantendo a ordem social, política e econômica capitalista. Mas por outro, não transparente à primeira vista, a relação entre trabalhadores e empresários estaria fundada na exploração do capital sobre o trabalho, haveria contradição entre eles.

Aparentemente, ocorreria uma troca justa. O operário venderia seu trabalho como mercadoria ao capitalista, que lhe pagaria com a mercadoria dinheiro o preço justo de mercado pelo trabalho comprado (o salário). Porém, por trás dessa aparência, haveria uma essência, um conteúdo que não se perceberia à primeira vista: o capitalista não pagaria ao trabalhador por tudo o que ele produziria, pagaria apenas o suficiente para mantê-lo vivo (o salário proporcionaria o estritamente necessário à sobrevivência — comida, vestuário, transporte e moradia). Mas o trabalhador produziria muito mais valor na linha de produção do que o necessário para se manter vivo. Geraria mais valor com seu trabalho, mais do que ele de fato receberia na forma de salário. Esse valor a mais seria embolsado pelo capitalista.

Eis o segredo do lucro empresarial, eis por que muitos trabalham, mas só os donos do negócio enriquecem. Em palavras simples, é esse processo que Marx chamou de extração da mais-valia, o excedente que não é apropriado pela maioria que vende sua força de trabalho, mas pela minoria que detém a propriedade dos meios de produção (terras, ferramentas, matérias-primas, máquinas, fábricas etc.). Daí o caráter contraditório do capitalismo: quase todos trabalham para produzir riquezas, mas só uma minoria se apropria delas.

A mais-valia seria o segredo e o calcanhar-de-aquiles da produção capitalista, o núcleo das relações sociais, a base fundamental das classes, o elemento que tornaria impossível a integração definitiva entre capital e trabalho. A contradição entre a produção coletiva e a apropriação privada da riqueza seria o principal fator de transformação da sociedade, já que os despossuídos não se conformariam para sempre com sua condição social. Nesse sentido, a luta de classes seria responsável pelo movimento da história, como se fosse uma roda-viva. Assentado sobre bases contraditórias de classes, o capitalismo não seria eterno, nem o fim da história, apenas um modo de produção cheio de conflitos, em constante transformação. Estaria nas mãos dos trabalhadores organizarem-se politicamente, conscientizando-se de seu lugar na sociedade e na economia, para com sua atuação e vontade política fazer frente às forças capitalistas. Estas seriam compostas não só pelo empresariado, mas também pelo próprio Estado.

O Estado não era visto por Marx como mero árbitro legal dos conflitos sociais. Ele seria, sobretudo, a organização política da sociedade burguesa, existiria para manter a ordem capitalista vigente. Isso faria dele não o representante do conjunto dos cidadãos indistintamente, do bem comum, mas um meio indispensável para assegurar a ordem das classes dominantes. Não que o Estado fosse um bloco monolítico, mero instrumento dessas classes, aparelho para o exercício exclusivo da dominação burguesa. Ele representaria *diferenciadamente* a sociedade e as classes que a compõem, apesar de aparecer como representante de todos os cidadãos, sem distinção. O Estado pareceria estar acima dos interesses particulares, como se tivesse vida própria, independente da vida em sociedade, como se não fosse produto dos antagonismos de classe.

Marx escreveu numa carta de 1846 que a "uma determinada sociedade civil corresponde um determinado Estado político, que não é mais que a expressão oficial da sociedade civil". Ou seja, "o poder político é o resumo oficial do antagonismo na sociedade civil", como ele afirmou em *A miséria da filosofia*. Evidentemente, não seriam só as classes dominantes que comporiam a sociedade civil, tampouco o Estado como expressão política do antagonismo de classe na sociedade. Sendo a burguesia a classe dominante no interior da sociedade, o mesmo ocorreria no seio do Estado, onde as outras classes também se representariam, embora como classes dominadas. Seria possível falar em Estado burguês na mesma medida em que se falaria em sociedade burguesa. Exemplificando, o Estado atenderia aos interesses da burguesia, financiando a acumulação privada de capital pelos empresários e assegurando a continuidade da ordem capitalista. Mas ele também representaria interesses dos trabalhadores, ao criar leis trabalhistas, por exemplo, ou ao financiar a saúde e o ensino públicos e gratuitos.

Numa frase, o Estado seria burguês por atuar para manter a sociedade estruturada em moldes capitalistas. Ao procurar conciliar os interesses desiguais e contraditórios das classes, agiria para preservar as relações sociais, o lucro do empresário e o salário do trabalhador, a ordem estabelecida que garantiria a continuidade do domínio econômico, social e político da burguesia sobre os trabalhadores. Portanto, a ruptura com o capitalismo implicaria para os trabalhadores a necessidade de derrotar a burguesia, dominante na sociedade e no Estado. Esse deveria desaparecer, no decorrer do processo revolucionário, juntamente com os antagonismos de classe que representaria.

Haveria, assim, uma mistificação na forma do Estado aparecer. Embora se revelando como representante de todos os ci-

Karl Marx (1818-1883), principal crítico do capitalismo.

dadãos, indistintamente, defensor do bem comum, ele de fato representaria diferenciadamente as classes sociais. Seria principalmente um Estado burguês, considerando que atuaria para preservar a ordem capitalista. Isso não significaria que a luta política dos trabalhadores devesse resumir-se ao combate pela destruição do Estado e das instituições existentes. Por exemplo, as greves do movimento cartista (movimento político de cunho reformista, ocorrido na Inglaterra entre 1837 e 1848, tendo dele resultado a Carta do Povo, que continha o programa do movimento) pela lei da jornada de oito horas diárias de trabalho na Inglaterra, na primeira metade do século XIX, foram consideradas por Marx um movimento político de classe, porque implicaram uma conquista para o conjunto dos trabalhadores, e não uma mera concessão empresarial aos empregados desta ou daquela fábrica ou ramo da indústria.

Por um partido de trabalhadores

Entremos agora no centro da questão da atuação política, segundo Marx: a fim de tornar-se efetivamente uma classe em sentido político pleno, a classe trabalhadora deveria organizar-se e criar seu partido, para estabelecer relações políticas com o Estado e com os partidos das outras classes (pois os partidos sempre teriam uma correspondência direta ou indireta com as diversas classes sociais, seriam representações políticas de classe). A meta no horizonte seria o socialismo, a ruptura com o Estado e com a sociedade burguesa, para criar uma nova sociedade, sem classes, sem dominação do homem pelo homem, na qual todos seriam livres para realizar suas potencialidades humanas, em que "o livre desenvolvimento de cada um será condição para o livre desenvolvimento de todos", como afirmaram Marx e Engels na célebre utopia do *Manifesto comunista*.

Como seria essa nova sociedade? Nas dezenas de obras de sua autoria, Marx escreveu pouco sobre isso. No máximo, fez algumas projeções. É que a tarefa de construir uma sociedade alternativa à capitalista não frutificaria de elucubrações teóricas idealistas, mas da própria prática revolucionária dos trabalhadores. O que estava no horizonte teórico de Marx era a possibilidade de derrotar o capitalismo a partir da análise rigorosa de suas contradições. O que viria em seu lugar era uma interrogação, a que só os homens do futuro poderiam responder. Portanto, não faria sentido dizer que "a sociedade socialista que Marx projetou fracassou" com o fim do socialismo burocrático no Leste Europeu. Marx não projetou nada, apenas constatou as contradições do capitalismo, que não seria eterno. Tudo tenderia a perecer, até mesmo a teoria do próprio Marx: a isso levava inevitavelmente a sua visão dialética de mundo.

Para Marx, vale reafirmar, seria importante, mas não bastaria aos trabalhadores organizarem-se a fim de satisfazer reivindicações trabalhistas isoladas, numa ou noutra empresa, pois elas poderiam ser atendidas sem ameaçar a continuidade da acumulação capitalista. Eles teriam de organizar-se em partido político, atuando em conjunto como classe, arrancando reformas, concessões e benefícios dos patrões e do Estado para o conjunto da classe trabalhadora, que, no limite, lutaria para superar a ordem capitalista.

Na realidade brasileira recente houve um exemplo concreto que ilustraria o que Marx quis dizer. Alguns talvez ainda recordem do líder metalúrgico de São Bernardo do Campo nos anos de 1970, o Lula, presidente do Sindicato dos Metalúrgicos em plena vigência do regime militar. Inicialmente, seu discurso era palatável aos donos do poder econômico e político. Quando dizia que não queria saber de política, apenas conseguir melhorias trabalhistas para os metalúrgicos de São Bernardo, sua fala era saudada nos jornais, nas revistas e até na televisão: finalmente surgia um autêntico líder operário, confiável, à moda dos sindicalistas norte-americanos. Apesar de contrários a muitas de suas reivindicações, até os patrões louvavam sua proposta sindical, de quem pensava mais em acordos do que em luta de classes.

Porém, sobretudo na época, a margem de manobra do capitalismo brasileiro era pequena. Não se faziam concessões significativas aos trabalhadores, sequer em âmbito local. Depois das greves de 1978, 1979 e 1980, que trouxeram repressão governamental e várias prisões (inclusive a de Lula), com ganhos materiais relativamente modestos, os trabalhadores do ABC paulista perceberam que não bastava a organização em sindicatos, mesmo nos combativos. A experiência lhes indicava que deveriam construir seu próprio partido, o que fizeram assim que houve a oportunidade institucional: em dezembro de 1979, uma lei passou a permitir a criação de partidos, acabando com a polaridade entre Arena e MDB.

Decidiu-se criar um partido porque não se aceitava aqueles existentes na clandestinidade — o PCB e o PCdoB (Partido Comunista do Brasil), por exemplo — como efetivos representantes dos trabalhadores.

Lula, mesmo sem nunca ter lido Marx, chegava na prática à conclusão de que era fundamental atuar no interior de um partido político. E, ao lado de outros sindicalistas, de setores ligados à Igreja Católica, de socialistas e de alguns comunistas, fundou, em 1980, o PT (Partido dos Trabalhadores). Então, o líder operário perderia espaço nos meios de comunicação de massa, sobretudo na televisão, sendo frequentemente estigmatizado como radical de pouca cultura, nordestino e semianalfabeto. As manchetes e o louvor dos empresários, do governo e da mídia passaram sucessivamente, no decorrer dos anos de 1980, para líderes operários mais "responsáveis" e "modernos", como Joaquim dos Santos Andrade, o Joaquinzão, e mais tarde Antônio Rogério Magri e Luís Antônio Medeiros.

Anos depois, porém, Lula e seu partido viriam a reconciliar-se com a ordem estabelecida, ainda que pregando melhorias para a população mais pobre. Na campanha presidencial de 2002, surgiria a propaganda do "Lulinha paz e amor", para quebrar as resistências contra ele. A figura do demônio para amplos setores da mídia passaria a ser encarnada por outros personagens, como João Pedro Stédile, um dos líderes do Movimento dos Trabalhadores Rurais sem Terra (MST), surgido nos anos de 1980 e que se constituiu na oposição mais radical ao governo de Fernando Henrique na década de 1990.

O marxismo-leninismo

A tradição da análise e atuação política marxista continuou depois da morte de Marx, em 1883. Surgiram inúmeras correntes políticas distintas dentro do marxismo. A que se tornaria dominante e mais influente a partir de 1917 seria a bolchevique, devido à sua vitória na Rússia: pela primeira vez estava demonstrada na prática a hipótese de Marx, de que a sociedade capitalista podia ser superada por meio da luta dos trabalhadores. O principal líder e teórico da Revolução Russa foi Lênin. Seus livros foram publicados e difundidos por todo o planeta, com tiragens inigualáveis.

O processo da revolução trouxe inicialmente conquistas sociais e tecnológicas, que levaram o império semifeudal russo do início do século a tornar-se a segunda potência econômica mundial algumas décadas depois, garantindo um padrão digno de vida para seus cidadãos. Daí a conquista de corações e mentes de intelectuais e trabalhadores do mundo todo para a causa revolucionária.

Contudo, especialmente no âmbito político, a Revolução Russa teve uma trajetória trágica. Foi em grande medida descaracterizada sob o governo de Stálin, que sucedeu a Lênin no comando da já então União das Repúblicas Socialistas Soviéticas (URSS), implementando o terror, dizimando milhões de pessoas que se opunham a ele, inclusive a maioria dos dirigentes bolcheviques que fizeram a Revolução de Outubro de 1917. Após a morte de Stálin, em meados dos anos de 1950, Nikita Khruschev assumiu o poder na URSS, iniciando reformas que logo se estancariam, quando Leonid Brejnev comandou um golpe que alijou seu antecessor do poder, já na década de 1960. A União Soviética viveu então vinte anos de estagnação, da qual só tentaria sair sob o comando de Mikhail Gorbatchev, que procurou reativar as reformas com as políticas de *glasnost* (abertura e transparência política) e *perestroika* (modernização econômica). Já era tarde.

No decorrer do processo, Gorbatchev perdeu o controle político das reformas, sendo forçado a renunciar; o socialismo soviético entrou em colapso e a URSS fracionou-se em várias repúblicas independentes em 1991, quase todas propondo a volta da economia de mercado como solução para seus males. Triste fim para as esperanças de tantos revolucionários. Mas ele seria inevitável? O marxismo redundaria necessariamente numa sociedade do tipo soviético? Esta seria uma discussão longa, que não pode ter lugar aqui. Citamos rapidamente a trajetória do "marxismo soviético" porque foi ele que influenciou a atuação política da maioria dos socialistas e comunistas brasileiros, dos anos de 1920 até pelo menos meados dos anos de 1960.

O marxismo soviético espalhou-se pelo mundo por meio da ação da III Internacional Comunista, propondo para todos os países a constituição de um partido político de vanguarda, nos moldes bolcheviques. Mas logo o movimento foi também dominado por Stálin, passando a constituir um padrão de partido e de atuação política que viria a ser chamado marxismo-leninismo.

Em que pesem as diferenças com os pensamentos originais de Marx e de Lênin, o chamado marxismo-leninismo foi o modelo adotado por partidos comunistas de todo o mundo, inclusive pelo brasileiro. O Partido Comunista, conhecedor das leis da história, das suas determinações econômicas, teria capacidade de conhecer os interesses objetivos dos trabalhadores melhor do que eles próprios, como portador de uma consciência de classe preestabelecida, que corresponderia ao lugar da classe operária no processo produtivo. Esse partido determinaria as etapas e o rumo que a revolução proletária deveria tomar. Como os trabalhadores em geral estariam alienados no processo produtivo, buscando no máximo concessões econômicas em cada fábrica, precisariam de uma consciência revolucionária vinda de fora, do Partido Comunista. Genericamente, foi com essa concepção que o PCB sempre atuou politicamente, tendo conseguido certa penetração no meio operário e nos círculos de intelectuais, o que permitiria caracterizá-lo como o partido mais influente da esquerda brasileira até, pelo menos, meados dos anos de 1960. Esquerda que poderia ser definida sinteticamente como o conjunto diferenciado das forças em alguma medida críticas da ordem capitalista, propondo mudanças socializantes.

O partido saberia as etapas e o rumo que a revolução deveria tomar. Por exemplo, no Brasil o PCB defendeu, independentemente do processo de luta da classe trabalhadora, pelo menos desde a década de 1930, a ideia advinda do Congresso da Internacional Comunista de 1928, segundo a qual a "revolução burguesa" seria etapa necessária ao desenvolvimento das forças produtivas no Brasil. O país ainda estaria marcado por relações feudais na zona rural e por uma industrialização incipiente, prevalecendo um atraso que interessaria às nações imperialistas que dominavam nossa economia. De modo que as "contradições fundamentais" não seriam ainda entre capital e trabalho, mas entre "a Nação e o imperialismo norte-americano e seus agentes internos", e entre "os latifundiários e as massas camponesas", conforme formulação da resolução política do V Congresso do PCB em 1960.

Toda a atuação e vontade política dos militantes do partido estariam direcionadas para cumprir o fim estratégico da revolução burguesa no Brasil, mesmo que isso implicasse ir contra greves e outras ações dos trabalhadores consideradas radicais e impróprias numa fase histórica que deveria ser marcada pela conciliação e unidade nacional dos "progressistas", inclusive setores da burguesia, contra as forças do atraso econômico.

Na fórmula marxista-leninista, o partido deveria ser composto por quadros militantes muito bem selecionados e disciplinados, prontos a dar a vida pelo partido e pelas suas causas. Em geral, ele tinha de se estruturar clandestinamente para fugir à repressão do governo. A coesão partidária interna seria assegurada pela crença dos militantes no partido como intérprete qualificado das leis inevitáveis da história, as quais conduziriam os trabalhadores, cedo ou tarde, à revolução socialista, sob a vanguarda dos comunistas.

Depois de difundir-se por todo o planeta, especialmente nos países subdesenvolvidos, o marxismo-leninismo passou a ser cada vez mais contestado, sobretudo depois dos anos de 1960. Os partidos comunistas tradicionais revelaram-se cada vez menos capazes de dar conta do movimento das sociedades. O processo culminaria com a implosão da União Soviética e do socialismo burocrático no Leste Europeu, entre 1989 e 1991.

Muitos analistas entendem que o marxismo-leninismo nos moldes soviéticos afastara-se do legado crítico de Marx, e mesmo do pensamento revolucionário de Lênin, em certa medida. Mesmo sendo uma dentre várias vertentes políticas socialistas que se consideravam herdeiras de Marx, o fato é que o marxismo-leninismo soviético predominou na esquerda socialista mundial durante muitos anos.

O fim desse tipo de marxismo teria demonstrado a insuficiência da análise economicista e determinista da realidade, que veria a política e a ideologia como meros reflexos do que se passaria nas estruturas econômicas. Não haveria mais lugar de destaque para o evolucionismo que interpretava a história como sendo regida por leis naturais que inevitavelmente conduziriam a humanidade para o socialismo. Tampouco para a concepção de partido de vanguarda que levaria à classe operária a consciência verdadeira das leis da história, conduzindo-a à revolução e ao comunismo. A própria noção de classe trabalhadora não mais seria identificável apenas com os operários fabris. Enfim, estaria em questão um tipo de análise e de atuação política que marcou a esquerda mundial durante décadas.

Os que consideram que a superação da teoria e da prática política marxista-leninista não atinge o núcleo do legado de Marx, crítico do capitalismo, devem demonstrar pela reflexão e pela ação política que podem existir alternativas a ele, que o capitalismo não é o fim da história. A reflexão, a atuação e a vontade política dessas pessoas só fazem sentido com a consciência de que "a emancipação da classe trabalhadora será obra da própria classe trabalhadora" e de que, afinal, como dizia o próprio Marx, "tudo o que é sólido desmancha no ar".

A vontade política e seus limites

Na sua obra política mais importante, *O Dezoito Brumário de Luís Bonaparte*, Marx escreveu uma frase famosa, que

Tudo o que existe merece perecer

Boris Kustodiev, Festejos da 3ª Internacional, 1917/RIA Novosti/AFP — Museu Estatal Russo

Com o triunfo da Revolução Russa, a III Internacional Comunista estabeleceu um modelo de partido revolucionário adotado no mundo todo, inclusive no Brasil.

expressaria sua opinião sobre a atuação e a vontade política: "Os homens fazem sua própria história, mas não a fazem como querem; não a fazem sob circunstâncias de sua escolha e sim sob aquelas com que se defrontam diretamente, legadas e transmitidas pelo passado".

A arte da política consiste em agir, fazer imperar nossa vontade levando em conta que temos de lidar com os limites da realidade objetiva à nossa volta. Partindo apenas da vontade política, não há como construir, por exemplo, num passe de mágica, um Brasil socialista. A luta dos adversários do capitalismo está limitada por uma série de fatores objetivos, legados pelo passado, tais como: o jogo de força dos Estados no cenário internacional (o poderio bélico norte-americano e de seus aliados capitalistas reina quase absoluto após o fim da União Soviética); a ideologia dominante do mercado, inclusive no seio de movimentos de trabalhadores (o que Gramsci chamaria de hegemonia burguesa, isto é, a capacidade que a burguesia tem de fazer sua visão de mundo ser acatada pacificamente pela maioria da sociedade, que aceita a ordem capitalista institucional vigente como natural, portanto inalterável); a correlação de forças e a capacidade de organização das classes dentro do país etc.

Um balanço da atuação política dos socialistas brasileiros, que na sua maior parte foram marxistas-leninistas entre 1920 e 1980, revela que eles tiveram dificuldades para equacionar adequadamente o peso da sua vontade política ("os homens fazem sua história") e as condições objetivas que a realidade impõe a essa vontade (as circunstâncias transmitidas pelo passado, que fogem ao nosso controle). Na sua atuação política, algumas vezes penderam para o voluntarismo, pretendendo tomar a história nas mãos, iniciando o processo revolucionário sem que houvesse condições para tanto. Foi o caso do levante de 1935 (a "Intentona Comunista", como o chamaram os militares), e também das ações da esquerda armada contra o regime militar entre 1968 e 1971.

Outras vezes, os comunistas arrefeciam a disposição de luta anticapitalista dos militantes e dos trabalhadores. Alegava-se que eles pouco poderiam fazer naquele momento histórico para mudar a sociedade brasileira na direção do socialismo, já que as condições objetivas não permitiriam. Por exemplo, vimos que nas análises predominantes entre os comunistas, até, pelo menos, meados de 1960, as condições objetivas da realidade eram as de um Brasil ainda agrário e semifeudal, cujo escasso desenvolvimento interessaria a latifundiários e imperialistas. A vontade política dos trabalhadores deveria submeter-se a essas circunstâncias históricas da realidade brasileira, cabendo-lhes apoiar o desenvolvimento do capitalismo nacional, independente do imperialismo. O conjunto das forças progressistas, a quem interessaria desenvolver a nação, deveria lutar por uma revolução democrática e burguesa no Brasil, conduzida pela burguesia nacional.

O golpe de 1964 impôs sério revés aos comunistas, mostrando os limites da sua análise das condições objetivas da sociedade brasileira. A suposta burguesia nacional independente estava de fato associada aos interesses do capitalismo internacional e também aos dos proprietários de terras. Isso ficou evidenciado no respaldo encontrado pelos golpistas, não só junto a latifundiários e imperialistas, mas também junto à burguesia brasileira.

A história da esquerda brasileira foi feita de derrotas no século XX, ao mesmo tempo heroicas e trágicas, que não poderiam ser avaliadas aqui. Talvez valha a pena apontar que não caberia creditá-las apenas à ação ou inação dos comunistas e dos socialistas, para não se cair num voluntarismo que centra a política quase exclusivamente na vontade das pessoas. Conhecer as experiências de luta dos trabalhadores, dos socialistas e comunistas a eles ligados seria indispensável para quem pretende atuar politicamente a fim de transformar a sociedade. Caberia aprender com elas, com o respeito de quem sabe que o passado já foi o presente, e que os homens de então viviam os dilemas e incertezas próprios de sua época.

Os marxistas no Brasil no século XXI

Como atuam politicamente os marxistas brasileiros?

Os marxistas-leninistas, hoje em número reduzido, estão sobretudo nos velhos partidos comunistas. Estes enfrentaram, no decorrer da história, crises internas e cisões sucessivas, sem conseguir maior representatividade social e política. Situação agravada depois que desapareceram seus referenciais históricos, os partidos de vanguarda da União Soviética, da Albânia e dos demais países do Leste Europeu. Por exemplo, no início de 1992, o antigo PCB dissolveu-se. Dele nasceram: o Partido Popular Socialista (PPS), ao qual aderiu a maioria da antiga direção, e o Partido Comunista que retomaria o nome e a sigla PCB, no qual se mantiveram alguns militantes que não concordaram com as mudanças de nome, símbolo e ideologia do partido. Outros expecebistas preferiram aderir ao PCdoB, ao PT, ou mesmo permanecer sem filiação partidária. Na prática, a atuação política dos marxistas-leninistas tem buscado conseguir reformas econômicas, políticas e sociais, as quais ora os aliam a um, ora a outro partido, socialista ou não.

Outro segmento dos marxistas brasileiros é composto por organizações trotskistas, algumas abrigadas no interior do PT, embora em conflito permanente com a direção do partido. Elas se identificam com a herança política de Leon Trotski, principal líder da Revolução Russa depois de Lênin, por isso mesmo perseguido até ser assassinado no exílio pela polícia secreta de Stálin. Os trotskistas têm sérias divergências entre si sobre como organizar a revolução internacional permanente, preconizada por Trotski, e defendem os postulados do marxismo e do leninismo, que teriam sido desvirtuados sob o domínio do stalinismo no movimento comunista internacional. Este teria deixado de lutar permanentemente pela revolução socialista mundial, voltando-se para assegurar a sobrevivência política e militar da URSS e posteriormente do bloco de países socialistas, isto é, de uma ordem social que garantiria privilégios à casta burocrática no poder nesses países e que acabaria derrotada no fim do século XX. Alguns grupos trotskistas — como o Partido Socialista dos Trabalhadores Unificado (PSTU) — têm conseguido representatividade em sindicatos e em outros movimentos sociais, por meio de atuação política combativa e de um discurso radicalmente anticapitalista. Para boa parte deles, a revolução socialista brasileira está na ordem do dia. Mas isso não os impede, na prática, de atuar em sentido reformista, semelhante aos demais marxistas-leninistas citados.

Também existem diversas correntes políticas, além de militantes e intelectuais independentes, que reivindicam a condição de herdeiros do legado de Marx, sem aderir aos princípios leninistas do partido de vanguarda. Eles têm divergências e convergências entre si, atuando em diversos movimentos sociais e partidos políticos, como PT, PSOL (Partido Socialismo e Liberdade, surgido em 2004 sobretudo de dissidências petistas), PSB (Partido Socialista Brasileiro), PPS, PDT, PMDB, PSDB etc. Nesses partidos também há correntes socialistas não identificadas unicamente com o pensamento marxista, outras que negam o marxismo, mas se consideram socialistas, além de anarquistas, autonomistas, setores dos verdes etc.

Enfim, há inúmeros indivíduos, grupos, partidos e correntes de opinião anticapitalistas atuando politicamente no Brasil. Cada um deles, isoladamente, não é muito significativo. Em conjunto, representam certo peso político. Todos têm lutado em movimentos que exigem reformas sociais, ainda que dentro do capitalismo, como o movimento pela reforma agrária. Isso por vezes não os distingue na prática daqueles que chamamos anteriormente de reformistas positivistas, que acatam a ordem capitalista como inevitável. Daí não ser raro ver alianças políticas e ações comuns entre eles. Além do discurso, o que talvez os diferencie no cotidiano seja uma perseverança e uma radicalidade maiores nas lutas pelas reformas, as quais encaram como momentos no caminho da superação do capitalismo. Geralmente os socialistas procuram aprofundá-las até um limite em que os reformistas capitalistas provavelmente não chegariam.

3. O MUNDO DESENCANTADO

Se na concepção positivista a realidade seria vista como uma totalidade orgânica, e na teoria marxista como uma totalidade contraditória, a perspectiva de Max Weber (1864-1920) negaria a possibilidade de pensar a existência social como um todo com lógica própria. A realidade social seria um feixe inesgotável de acontecimentos díspares, fragmentos sem encadeações lógicas entre si. O mundo da sociedade seria um caos arbitrário e desordenado. Caberia aos cientistas sociais construir um modelo de explicação coerente (o chamado "tipo ideal"), baseado em alguns aspectos da realidade, que seria impossível abranger no seu conjunto. Disso decorreria que não haveria uma única verdade científica: dependendo do prisma de abordagem da realidade, seria possível ter visões distintas e igualmente válidas para compreendê-la. Segundo Weber, a intelectualização e a racionalização crescentes do mundo contemporâneo implicariam abandonar explicações sobrenaturais, religiosas da sociedade. O mundo perderia seu "encantamento", que por nada poderia ser restabelecido.

Os tipos de dominação

A fim de compreender os fenômenos políticos, Weber elaborou o conceito de dominação, que seria a probabilidade de encontrar obediência a um determinado mandato. Isto é, ele procurava construir um modelo explicativo para compreender por que, em todos os campos da vida social, em todas as épocas, alguém manda e alguém obedece às ordens que lhe são dadas. Weber não contestava a dominação em si mesma, o fato de que alguns mandam e outros obedecem, já que historicamente sempre haveria e continuaria havendo mandantes e mandados. Ele se preocupava com a legitimidade da dominação, que ocorre quando as pessoas que acatam ordens de seus superiores consentem conscientemente em obedecer, aceitando de bom grado as ordens, como indispensáveis para o bom andamento das relações sociais. Para Weber, só a dominação legítima seria estável, só ela teria condições de se manter continuamente sem basear-se apenas no uso da força, já que estaria fundada nas vontades livres e conscientes dos indivíduos que compõem a sociedade.

Para compreender toda e qualquer dominação que já existiu ou que um dia venha a existir na história da humanidade, Weber construiu um modelo analítico, estabelecendo três tipos de dominação legítima: a legal, a tradicional e a carismática.

A dominação legal seria aquela baseada num estatuto, em leis estabelecidas de comum acordo entre os membros da sociedade. Nesse caso, as pessoas obedeceriam às ordens superiores por concordar com um regulamento escrito que as obrigaria a tanto, estabelecendo direitos e deveres. Por exemplo, por que seriam obedecidas as determinações do presidente da República, dos governadores de estado e dos prefeitos? Porque a isso obrigaria uma regra escrita, da qual os cidadãos participaram ao eleger representantes na Assembleia Nacional Constituinte, os deputados e senadores que escreveram a Constituição, a lei maior a estabelecer direitos e deveres na vida em sociedade.

Portanto, o Estado democrático moderno é um exemplo de dominação legal. Acatam-se as ordens emanadas do poder Executivo, desde que elas estejam de acordo com a Constituição, com as leis. Só se é obrigado a obedecer ao que estiver na lei, daí se falar em dominação legal. Outro exemplo de dominação legal é a que vigora na empresa moderna, na qual as relações entre patrões e empregados são estabelecidas por normas contratuais: o empregado obedece ao superior, de acordo com as obrigações que assumiu ao assinar um contrato de trabalho. Assim, alguém que é contratado como caixa de um banco tem de obedecer ao gerente se ele o manda descontar o cheque de um cliente, mas não se obriga a cumprir ordens que fujam do contrato. Por exemplo, o caixa pode negar-se a fazer a limpeza do banheiro do banco ou a substituir o guarda que trabalha na segurança. De modo que a obediência não é devida propriamente à pessoa do chefe, mas às determinações legais do contrato de trabalho.

Já na dominação tradicional, a obediência não se deve à adesão consciente e livre a uma lei, mas à crença na santidade da tradição, que passa de pai para filho, de geração para geração. Obedecem-se às ordens do pai, que obedecia da mesma forma ao pai dele, e assim por diante, conforme tradição consolidada. São exemplos históricos de dominação tradicional: a dominação patriarcal dos sultões e a dominação estamental na Idade Média europeia. Esse tipo de dominação tem sobrevivências contemporâneas. Por exemplo, na Copa do Mundo de futebol de 1982, o patriarca de um país árabe resolveu entrar em campo e parar o jogo, obrigando o árbitro a recuar em uma decisão que considerava lesiva à equipe de seu país. De uma perspectiva cultural ocidental, foi um ato esdrúxulo, fora da lei. Para o patriarca, perfeitamente normal, já que em seu país exercia um tipo de dominação tradicional, segundo a qual mandava e desmandava ao seu bel-prazer, em qualquer terreno da vida social, conforme a tradição.

Finalmente, Weber falava na dominação carismática, em que se obedeceria não por causa de leis ou da tradição, mas devido ao carisma do líder, de seu enorme poder de atração pessoal. Este sintetizaria, na sua vontade e no seu comando, os desejos de seus seguidores. Os líderes carismáticos seriam de três tipos: os demagogos, os heróis-guerreiros e os profetas.

A capacidade oratória e persuasiva do líder político faria dele um demagogo, sem o sentido pejorativo que o termo tomou na linguagem corrente, pois ele não seria um farsante, enganador das massas, mas um líder autêntico, capaz de exercer a dominação com legitimidade. Weber citava Péricles, na Grécia Antiga, como exemplo de um grande demagogo, capaz de se fazer obedecer pelo carisma de sua liderança política e pessoal natural, independente de leis e de tradições estabelecidas. Acrescente-se, por nossa conta, que Perón na Argentina, Getúlio Vargas e Lula no Brasil seriam exemplos recentes de líderes carismáticos demagogos.

Já a obediência ao herói-guerreiro seria devida à demonstração de sua capacidade de luta, ao seu carisma como condutor dos desejos de seus seguidores na guerra. Alexandre, o Grande, constituiria o exemplo clássico. Na história do século XX, após a morte de Weber, seriam exemplos Mussolini na Itália fascista, Che Guevara na América Latina dos anos de 1960, dentre outros.

Por fim, haveria os profetas, líderes carismáticos espirituais capazes de conduzir os fiéis a obedecerem a seus mandamentos. Seria o caso histórico de Dalai Lama, chefe supremo da religião budista, originário do Tibete. No século passado, poderiam ser citados ainda Mahatma Gandhi na Índia e o aiatolá Khomeini no Irã. Também seria o caso de pregadores menos expressivos, com poucos seguidores, tão comuns no mundo de hoje, como o pastor norte-americano, Jim Jones, que conduziu milhares de seguidores a viver na sua comunidade, na Guiana, mandando-os certo dia se suicidarem, o que eles fizeram. Evidentemente, esses exemplos recentes são nossos, pois Weber morreu em 1920.

Todos os fenômenos políticos que ocorreram até hoje, isto é, aqueles referentes ao fato de alguns mandarem e de outros obedecerem, poderiam ser enquadrados num dos três tipos puros de dominação. Não que esses tipos existissem no mundo real exatamente como foram descritos. Eles seriam apenas tipos puros ideais, recursos metodológicos que serviriam para nos orientarmos ao analisar cada caso concreto de dominação.

Getúlio Vargas foi o maior líder carismático da história do Brasil no século XX.

Assim, por exemplo, poderia ser tomado o caso do governo de Getúlio Vargas no Brasil, nos anos de 1950.

Estava em vigor a Constituição de 1946, portanto a dominação era do tipo legal, mas Getúlio era simultaneamente um líder carismático. O mesmo ocorreu nos anos de 1980 e 1990 com Leonel Brizola, que governou com carisma o estado do Rio de Janeiro, mas baseado em leis, assim como o carismático Lula em mandatos presidenciais nos anos 2000.

Outro exemplo: ainda que uma empresa capitalista moderna procurasse basear-se apenas nos seus estatutos, na racionalidade administrativa, fatores de ordem pessoal, tradicional, patriarcal, acabariam influindo no seu dia a dia; assim, na prática, a dominação no seu interior fugiria a um modelo de dominação estritamente legal, baseado no império da norma contratual.

Os exemplos podem suceder-se. A realidade é sempre mais rica que qualquer teoria, e por isso os cientistas sociais jamais conseguem apreendê-la em todos os seus aspectos, segundo Weber. Seus tipos de dominação não pretendem ajustar-se exatamente à riqueza infinita de uma ou outra situação concreta, mas criar uma teoria para compreender as relações de dominação entre os indivíduos, vale dizer, as suas relações políticas.

Classe, *status*, partido e Estado

A impossibilidade de tomar a vida social como uma totalidade, para Weber, implicaria também que não se deveria confundir diferentes esferas: a ordem econômica, a ordem social e a ordem política seriam distintas entre si. Economicamente, as sociedades estariam cortadas por classes diferentes, conforme a sua inserção no mercado. As classes seriam positiva ou negativamente privilegiadas no mercado, definidas economicamente. Elas não gozariam necessariamente do *status* social correspondente ao seu poderio econômico.

A ordem social não refletiria necessariamente a ordem econômica. Ela corresponderia a uma certa estimativa social positiva ou negativa de honra, de prestígio social. Assim, muitas vezes um grupo poderia gozar de alto poderio econômico, sem que isso implicasse automaticamente que desfrutasse alto prestígio social, e vice-versa. Por exemplo, um nobre que conservasse por herança de berço alto *status* social não seria necessariamente integrante da classe economicamente mais privilegiada. Já um novo-rico, burguês ascendente economicamente, dificilmente teria um *status* elevado. Seu prestígio social provavelmente não corresponderia à sua riqueza econômica. Portanto, segundo Weber, as classes encontrariam seu lugar na ordem econômica, enquanto a ordem social estaria cortada por grupos de *status* (estamentos).

A fim de ilustrar a distinção entre as classes econômicas e os grupos de *status* sociais, vejamos um exemplo brasileiro na peça teatral de Jorge Andrade *Os ossos do barão*, posteriormente adaptada para telenovela. Um personagem é filho de rico industrial, imigrante italiano, privilegiado economicamente, pertencente à classe alta. Contudo, como filho de imigrantes que subiram na vida, ele não goza de prestígio social, não pertence a um estamento ou grupo de *status* elevado. Situação inversa da neta do barão, paulista quatrocentão, falido economicamente, mas que preserva o orgulho do berço nobre, do sobrenome tradicional que lhe dá prestígio, alto *status* social. Juntando o útil ao agradável, os jovens se casam ao final da peça, unindo num mesmo lar a classe economicamente privilegiada e o estamento mais elevado.

Para Weber, classes e estamentos poderiam influenciar-se mutuamente, e também inspirar a ordem legal ou política, mas nem sempre. A ordem política teria sua especificidade marcada pela presença de partidos em luta de forma planejada pelo poder. Os partidos seriam sempre organizações estruturadas para obter o exercício da dominação. Eles poderiam ter correspondência com uma classe ou com um grupo específico de *status*, mas não necessariamente (nesse ponto, segundo Weber, a teoria marxista estaria equivocada ao procurar sempre nos partidos políticos a expressão de classes sociais). Os partidos poderiam se formar com vistas ao exercício da dominação em qualquer âmbito: num grêmio estudantil, num clube esportivo, mas importaria sobretudo o partido organizado para a dominação do aparelho de Estado.

O Estado não era visto por Weber como estrutura dotada de significado em si mesma (diferentemente de Durkheim, que o via como órgão social dotado de sentido intrínseco: a defesa do bem comum, o planejamento imparcial da vida social. Diferentemente também de Marx, para quem o Estado teria um conteúdo inato de classe). A atuação estatal dependeria, para Weber, da vontade dos indivíduos no poder, a qual poderia ou não ter correspondência com interesses econômicos ou sociais. Seria comum o aparelho de Estado ser ocupado por pessoas que não estariam nem entre as mais privilegiadas economicamente nem entre as mais prestigiadas em termos sociais. Seria mero aparelho, utilizado por grupos de pessoas com o objetivo de realizar determinados fins e valores dos indivíduos a ocupar esse aparelho.

Vontade política e liberalismo desiludido

Talvez já tenha dado para compreender por que, afinal, o pensamento de Weber era liberal. É que ele estava centrado no indivíduo, na ação social de cada ser humano, que agiria livre e conscientemente, estabelecendo relações com os outros. A sociedade seria fruto da livre disposição de pessoas conscientes, racionais, que carregariam suas ações de vontade própria. Nenhuma instituição social, como o Estado, ou a Igreja, teria sentido em si mesma. Dependeria da ação livre e deliberada dos indivíduos que a comporiam, atribuindo-lhe um sentido.

O futuro histórico das sociedades, dessa forma, estaria sempre em aberto, sem qualquer determinação, dependendo apenas da capacidade de organização e luta dos indivíduos. Politicamente, não haveria por que dizer que um partido fosse intrinsecamente melhor ou pior que outro, detentor de maior ou menor razão histórica: o êxito de cada partido dependeria da vontade e da atuação política de seus membros para a conquista do poder, lutando contra os demais partidos para a obtenção desse objetivo. O centro da análise estaria sempre na vontade política dos indivíduos, a decidir racionalmente seus destinos.

Mas o liberalismo de Weber tornava-se desiludido, porque, com o desenvolvimento das sociedades, os indivíduos que as criaram livre e conscientemente iriam se tornando submetidos a elas. Inicialmente, as pessoas criariam racional e espontaneamente suas relações com as outras pessoas, dotando suas ações de sentido. Por exemplo, todos participariam do Estado democrático, respeitando suas leis por livre e espontânea vontade. Contudo, com o passar do tempo, os mecanismos criados pelos indivíduos com objetivos racionalmente determinados iriam aos poucos virando rotina, seguida maquinalmente por todos. Surgiria uma estrutura burocrática a aprisionar os indivíduos, os quais se tornariam escravos de burocracias construídas por eles mesmos. O Estado fundado em leis iria perdendo sua legitimidade, a dominação legal deixaria de basear-se na livre vontade dos cidadãos, para se tornar uma imensa máquina burocrática a impor-se aos indivíduos, tolhendo suas liberdades.

Todas as sociedades apresentariam essa tendência: depois de livre e conscientemente criadas pelos indivíduos, estabeleceriam uma rotina burocrática que daria pouco espaço à ação livre de seus membros. Nas sociedades caracterizadas por qualquer dos três tipos de dominação legítima, surgiriam quadros administrativos incumbidos de fazer cumprir as ordens dos dominantes. Com o tempo, esses quadros administrativos tenderiam a ganhar vida própria, a dominação iria perdendo legitimidade, deixando de embasar-se na vontade política livre dos que obedecem, para se apoiar nos quadros administrativos e burocráticos constituídos. Especialmente nas sociedades industriais modernas, marcadas pela racionalidade burocrática no sentido da acumulação de riquezas e pela construção de aparelhos estatais imensos, a tendência iria no sentido da burocratização crescente. Os indivíduos iriam deixando de ser conscientes, livres e autônomos na construção de sua vontade política, para se tornar prisioneiros de uma burocracia que haviam concebido para servi-los.

Numa palavra, os indivíduos deveriam medir racionalmente custos e benefícios de suas ações, mas acabariam prisioneiros da sociedade, em um processo cada vez mais marcante no mundo contemporâneo. Homens livres passariam a ser esmagados pela rotina burocrática. O aparelho de Estado moderno, que originariamente era um meio para a realização de determinados fins valiosos decididos pelos cidadãos, tenderia a tornar-se um fim em si mesmo, que se imporia à vontade dos agentes. Dessa maneira, as decisões políticas não seriam mais expressão de liberdade, e sim de opressão. As sociedades comunistas seriam o exemplo mais bem-acabado dessa supressão da vontade política livre do indivíduo pela máquina burocrática.

Para combater a ausência de liberdade e de autonomia dos indivíduos, evitando que eles sucumbissem totalmente à burocracia, Weber apontava a necessidade de partidos políticos e de um Parlamento forte, com deputados combativos que se opusessem ao gigantismo administrativo estatal, representando os cidadãos que tenderiam a ser governados burocraticamente. Indicava também a necessidade de empresários individuais empreendedores que fizessem valer sua vontade livre no mercado, evitando que a rotina empresarial e a burocracia estatal reinassem absolutas. Finalmente, esperava que surgissem líderes carismáticos capazes de despertar e conduzir as vontades políticas autônomas dos indivíduos, cada vez mais burocratizadas.

É paradoxal que Weber tenha chegado, ao final de sua análise, no que era o ponto de partida de Durkheim: o indivíduo no mundo contemporâneo estaria submetido à sociedade e ao Estado. Como vimos, Durkheim encarava isso como desejável e natural, ao passo que Weber se desiludia com esse mundo. O que para Weber seria o crescente estreitamento da liberdade do homem, para Durkheim era a própria realização da individualidade no interior da sociedade.

Weber, como Marx, concluía que o homem viveria subjugado no mundo contemporâneo. Só que para Marx a história da humanidade seria a da crescente libertação das pessoas, cada vez menos submetidas à escassez, às necessidades impostas pela natureza hostil, vislumbrando-se depois da Revolução Industrial a possibilidade de criação da sociedade socialista, com abundância de riquezas, sem a dominação do homem pelo homem, superando as contradições de classe do capitalismo. Se para Marx o humano se construiria, segundo Weber o humano se destruiria, caminharia da liberdade e da vontade conscientes do indivíduo na constituição das relações sociais para uma sociedade que aprisionaria esse indivíduo.

Observamos que o comunismo, para os marxistas, representaria o fim das desigualdades de classe e do próprio Estado, a conquista do reino da liberdade, onde cada um poderia exercitar, sem entraves, todas as suas potencialidades humanas. Mas isso seria irrealizável na prática, segundo Weber, para quem o comunismo implicaria de fato a consolidação do Estado burocrático que esmagaria as individualidades. O fim da União Soviética e do socialismo burocrático no Leste Europeu parece dar razão aos argumentos de Weber, que via também os limites à liberdade dados pela burocratização do capitalismo contemporâneo.

Pode-se indagar se haverá alternativas socialistas libertárias ao capitalismo, que não redundem no estatismo opressor e burocratizante das experiências vividas nos países ditos socialistas; ou se o devir do capitalismo consolidará necessariamente a burocratização prevista por Weber. Talvez não deixe de ser fiel ao legado desse autor quem responder que, apesar da tendência à burocratização, tudo dependerá da capacidade e da vontade de atuação dos indivíduos.

A realidade fragmentada e os partidos no Brasil

As formulações weberianas costumam agradar a muitos cientistas políticos. Especialmente a análise da autonomia da ordem política, que não se confundiria com a ordem social, nem com a econômica.

Sobretudo nas intrincadas sociedades de hoje, exerce fascínio a ideia da impossibilidade de uma visão totalizante, da inevitável fragmentação da realidade social. O mesmo pode ser dito da valorização da vontade e da liberdade individual num mundo cada vez mais desencantado pela rotina burocrática. Dentre os clássicos da sociologia política, Weber parece ser o preferido de muitos intelectuais dos meios universitários (vários dos quais foram influenciados pelo marxismo nos anos de 1960 e 1970, quando ele estava em voga na Academia, como Fernando Henrique Cardoso), que nos anos de 1990 passariam a integrar partidos como o PSDB e o PT.

Como o próprio nome diz, o PSDB nasceu como um partido social-democrata, que procurava reformas sociais dentro de uma democracia representativa capitalista. Já caracterizamos como teoricamente marcada por uma ideologia positivista reformista a opção de setores do partido por mudanças sociais dentro da ordem, a fim de retomar o desenvolvimento equilibrado e saudável da nação, colaborando com um Estado defensor do bem comum. Embora essa visão seja nitidamente positivista, disso não decorre que toda luta por reformas seja necessariamente marcada por uma visão de mundo positivista.

A atuação reformista do Estado poderia ser vista menos sob o ângulo da defesa do bem comum e mais sob o prisma da legitimidade dos mandantes na condição de representantes dos cidadãos, conforme uma constituição democrática. Como a dominação política seria inevitável (pois sempre haveria governantes e governados), caberia indagar sobre a legitimidade no exercício do poder. O futuro político não seria encarado à moda positivista, como um jogo previsível, no qual cedo ou tarde triunfaria o partido que realizasse as reformas sociais exigidas para o desenvolvimento saudável e natural da sociedade. O futuro estaria indeterminado, dependendo da capacidade e da vontade política dos agentes sociais (indivíduos, partidos ou movimentos sociais). Isso poderia implicar ou não reformas sociais concomitantes ao desenvolvimento da economia.

Aqueles que encaram a política reformista mais ou menos dessa maneira são tributários de Max Weber, mesmo que não o saibam. Parece ser o caso de boa parte dos membros do PSDB. Ainda mais se considerarmos que Weber apontava o Parlamento e a iniciativa privada como formas de resistência à rotina burocrática, e que o PSDB desde sua fundação privilegiou sua atuação num Congresso forte, propôs o parlamentarismo, procurando agregar empresários ativos e reformistas a seus quadros, apostando na iniciativa privada, sendo contrário ao gigantismo empresarial e burocrático do Estado, cuja importância estaria em garantir o bem-estar social.

Admitam ou não, também setores do PT parecem crescentemente marcados por uma visão política mais ou menos como essa, cada vez menos comprometidos com a superação do capitalismo e mais compromissados com o exercício dos direitos individuais, de cidadania democrática.

Há também outro aspecto em que ocorre uma aproximação entre a teoria de Weber e a perspectiva de certos intelectuais e grupos petistas. Trata-se da negação da ideia de totalidade. Muitos petistas entendem que a realidade social contemporânea é estruturalmente heterogênea. Ela não constituiria uma totalidade integrada, tampouco contraditória. Na medida em que a realidade social seria necessariamente fragmentada, a atuação política iria na mesma direção. Não haveria mais como congregar o conjunto das lutas políticas num mesmo movimento, dada a multiplicidade de sujeitos políticos (favelados, camponeses, mulheres, negros, comunidades eclesiais de base, moradores de bairro, operários, boias-frias etc.). Nenhum desses sujeitos explorados preponderaria sobre os demais, cada um elaborando sua identidade autonomamente. Estaria superada a ideia do proletariado como sujeito político e histórico privilegiado, revolucionário.

Então, teria lugar uma série de movimentos sociais independentes, necessariamente fragmentados entre si, capazes de manter-se como formas específicas e autônomas de expressão política. Esta seria ampliada além dos marcos institucionais, invadindo o espaço do cotidiano nos locais de trabalho e moradia, por exemplo. O PT apareceria não como um partido para sintetizar as experiências dos diversos movimentos sociais. Nem pretenderia cobrir todo o espaço da política, espalhado em diversos movimentos sociais. O partido seria um meio de participação política institucional para os movimentos. Atuaria como servo, não como dono dos movimentos sociais, que em si mesmos constituiriam um projeto de emancipação das "classes populares" (conceito largamente difundido, com influência marxista, que não prima pela coerência: classe é uma noção precisa elaborada por Marx, como construção dos agentes sociais a partir de seu lugar na produção de riquezas, justamente para contrapor-se à ideia vaga e imprecisa de "povo"). O espaço de atuação política do PT estaria na busca da consolidação legal dos direitos reivindicados pelos movimentos sociais, isto é, na busca pela cidadania democrática dos indivíduos. O indivíduo, e não mais as classes, passaria a ser o eixo teórico da análise, como em Weber. As ideias de revolução e de socialismo ficariam, no mínimo, em segundo plano.

Esse tipo de análise — corrente em vários setores petistas sobretudo nas décadas de 1980 e 1990 — procurava entender o fenômeno dos movimentos sociais surgidos nos anos de 1970, que dariam base ao surgimento do PT, tais como o novo sindicalismo, os movimentos de bairro, de favela, de donas de casa, de negros, de mães, comissões de saúde, e comunidades eclesiais de base.

Evidentemente a interpretação desses setores petistas sobre os movimentos sociais nunca foi a única no interior do partido. Por exemplo, as tendências leninistas procuraram subordinar os "movimentos de massas" à direção de uma vanguarda dita proletária, capaz de dar-lhes generalidade política. Isto é, os movimentos deveriam estar subordinados à direção de um partido de vanguarda que se utilizaria deles para implantar uma linha política de atuação, traçada pela direção partidária.

Embora cada vez mais minoritários, haveria setores marxistas do PT que se afastariam desse tipo de interpretação vanguardista, sem cair naquela exposta anteriormente, que deixaria de ver a realidade social como totalidade contraditória em movimento. Dessa perspectiva, seria preciso abordar a fundo a complexidade da estrutura social e a dificuldade na construção das classes e de sua identidade na sociedade brasileira contemporânea. A existência do PT colaboraria para unificar o que haveria em comum entre os movimentos sociais. Caberia construir um discurso geral e plural de representação política, para evitar a especialização dos movimentos, a permanência nas reivindicações particulares (por moradia, creches, água, terra etc.), pois isso acabaria por condenar os movimentos ao isolamento, ao gueto político, ao corporativismo, a uma subcultura de pequenos grupos estigmatizados socialmente, ensimesmados na sua particularidade, tendendo à utilização de uma linguagem exclusiva, sem comunicação com a sociedade mais abrangente, sequer com os outros movimentos sociais.

Dessa ótica, caberia respeitar a diversidade dos movimentos, reconhecê-los como novos sujeitos históricos, sem cair na submissão teórica e prática à fragmentação da sociedade. Esta seria encarada como forma necessária de se darem as relações sociais e políticas, estilhaçadas pela concorrência entre cidadãos no interior do mercado capitalista. Só que por trás dessa forma existiria um conteúdo não perceptível imediatamente, de classe, que permitiria analisar a realidade como totalidade. Obviamente, esse ponto de vista teria pouca afinidade com qualquer influência weberiana. Como tampouco o discurso desenvolvimentista, que passaria a predominar no partido no segundo governo de Lula nos anos 2000, como se verá adiante.

4. Partidos e movimentos políticos

Os partidos no período de 1945-1964

Após a queda da ditadura de Getúlio Vargas, em 1945, constituiu-se um sistema partidário no Brasil que duraria até outubro de 1965, quando os militares que haviam dado um golpe de Estado dezoito meses antes resolveram dissolver os partidos existentes.

Durante a ditadura do Estado Novo, encabeçada por Getúlio Vargas entre 1937 e 1945, os partidos políticos estiveram proibidos. Com o fim da ditadura, surgiu uma série de partidos. Aqueles com maior expressão nacional entre 1945 e 1965 foram: o Partido Social Democrático (PSD), a União Democrática Nacional (UDN), e o Partido Trabalhista Brasileiro (PTB). Além deles, pelo menos outros dez partidos menores estiveram representados no Congresso Nacional no período.

O PSD originou-se dos grupos que controlavam os aparelhos administrativos dos estados e municípios durante a ditadura de Vargas. Era fruto da composição entre velhas oligarquias rurais e novas forças urbanas emergentes nos anos de 1930 e 1940, sobretudo as ligadas à máquina de Estado. Derrotada a ditadura varguista, as forças sociais conservadoras que lhe davam sustentação trataram de organizar-se em partido, o PSD. Ele seria o

Eurico Gaspar Dutra (1946-1950) e Juscelino Kubitschek (1956-1960) foram presidentes da República eleitos pelo PSD.

mais forte no Congresso Nacional até 1965, além de ter lançado a candidatura de dois presidentes da República eleitos no período: o general Eurico Gaspar Dutra (1946-1950) e o civil Juscelino Kubitschek (1956-1960). Sem contar que, apesar de ter indicado Cristiano Machado à presidência em 1950, boa parte do PSD preferiu apoiar a candidatura de seu velho inspirador, Getúlio Vargas, que terminaria eleito, pelo PTB, governando democraticamente de 1951 a 1954, quando se suicidou para evitar ser deposto por um golpe militar inspirado politicamente pela UDN.

Depois do PSD, o principal partido político do período foi a UDN. Ela surgiu da junção de vários grupos que se opunham à ditadura de Vargas nos anos de 1940, que iam de setores da burguesia financeira e das classes médias liberais urbanas até a chamada "Esquerda Democrática". Esta, composta por socialistas que não se identificavam com o stalinismo do PCB, logo formaria o Partido Socialista Brasileiro (PSB), quando ficaram claros os pendores cada vez mais direitistas da UDN (direita entendida como o conjunto das forças conservadoras). De fato, em pouco tempo a UDN cristalizou-se como partido de direita, elitista, que sempre teve boa votação, elegendo vários congressistas, prefeitos e governadores, embora sucessivamente derrotada nas campanhas para a presidência da República.

A única vez em que a UDN saiu vitoriosa de um pleito presidencial foi em 1960, quando foi eleito Jânio Quadros. Jânio era um líder populista, pouco fiel a orientações partidárias, preferindo o contato direto e autoritário com as massas que supostamente representava, e logo se desentendeu com a cúpula dirigente da UDN, que lhe retirou o apoio parlamentar. Este processo conturbado culminou com sua renúncia, em agosto de 1961, alguns meses depois de assumir o governo. Tomaria posse em seu lugar o vice-presidente, João Goulart, que fora eleito pela coligação PSD-PTB. Os militares, a UDN e os conservadores em geral jamais se conformaram com a posse de Goulart, tido como aliado dos comunistas, passando a tramar um golpe de Estado, a conspirar para derrubar o governo, o que aconteceria em 1964.

A terceira força partidária no período, que foi crescendo no decorrer dos anos, era o PTB. Baseava-se na estrutura sindical e previdenciária, ancorada no Ministério do Trabalho, criação do ditador deposto Getúlio Vargas, presidente de honra do partido. O PTB procurava ligar-se às massas trabalhadoras emergentes, organizadas nos sindicatos, representando seus interesses dentro da ordem estabelecida. Como se vê, mesmo derrubado em 1945, Vargas soube articular politicamente dois partidos: um mais à esquerda, o PTB, congregando suas bases populares, e outro mais à direita, o PSD, representando o arco conservador que dera sustentação a seu governo. Contudo, especialmente no início da década de 1960, pressionados pelas bases crescentemente politizadas, setores do PTB assumiriam posição mais crítica, surgindo no seu interior alas nacionalistas radicais, como a do governador gaúcho Leonel Brizola.

Até 1964, vários pequenos partidos tiveram atuação legal, como o Partido Democrata Cristão (PDC) e o já mencionado

Jânio Quadros (acima), líder populista eleito presidente da República com apoio da UDN, renunciaria ao mandato em agosto de 1961, sete meses depois da posse.

Carlos Lacerda (à dir.), ex-governador da Guanabara, principal líder da UDN.

PSB. Outras agremiações tinham expressão sobretudo regional, caso do Partido Libertador no Rio Grande do Sul, do Partido Republicano em Minas Gerais, e principalmente do Partido Social Progressista (PSP) em São Paulo, estruturado em torno do líder populista de direita Adhemar de Barros, que foi governador do estado e candidato derrotado à presidência da República.

Mais à esquerda, havia o Partido Comunista do Brasil (PCB), que depois da repressão feroz da ditadura varguista ressurgiu com força, legalizado, sob a liderança do legendário Luiz Carlos Prestes, que passara nove anos preso. Em dezembro de 1945, o partido chegou a mais de 9% dos votos na eleição presidencial com seu candidato Yeddo Fiuza e elegeu vários representantes na Assembleia Nacional Constituinte. Pressionadas pelo avanço da Guerra Fria no plano internacional, que contrapunha americanos (capitalistas) e soviéticos (comunistas), e temerosas com o rápido crescimento do PCB, as forças da ordem estabelecida logo trataram de pôr o partido na ilegalidade. Pouco adiantara a política moderada e palatável aos donos do poder, proposta pelo PCB, que pedia aos trabalhadores para "apertar o cinto", sem protesto ou greves, mantendo o clima de "ordem e tranquilidade" para o progresso do país, um discurso que estava mais para o positivismo do que para o marxismo. Forçado à clandestinidade, o PCB mudaria sua linha política nos anos seguintes, propondo a luta armada contra o governo, para logo depois retornar a posições mais moderadas, sem, entretanto, jamais abandonar a proposta de revolução burguesa e democrática para o Brasil.

Em 1961, o Comitê Central resolveu mudar o nome do Partido Comunista do Brasil para Partido Comunista Brasileiro, a fim de requerer seu reconhecimento legal (a legislação proibia partidos com vínculos internacionais, e a expressão PC "do Brasil" poderia sugerir que se tratava de seção nacional de um movimento comandado do exterior). O artifício não foi suficiente para legalizar o partido, o que só ocorreria mais de vinte anos depois. Inconformados com a alteração do nome, ex-dirigentes stalinistas, marginalizados no PCB desde 1958, protestaram e foram expulsos. Não reconheceram a legitimidade da expulsão e fundaram um novo partido, retomando o nome tradicional: Partido Comunista do Brasil, que passaria a ser conhecido pela sigla PCdoB. Até hoje o PCdoB reivindica-se continuador do partido fundado em 1922 e "reorganizado" em 1962.

Apesar da ilegalidade e das oscilações de tática política, o PCB continuou a ser o partido mais importante da esquerda brasileira no período, influenciando politicamente trabalhadores, estudantes, artistas e intelectuais. Todavia, sempre houve pequenos grupos socialistas dissidentes, sobretudo trotskistas, liderados nos anos de 1930 e 1940 por intelectuais do porte de Mário Pedrosa e de Hermínio Sacchetta. No início dos anos de 1960, o PCB seria confrontado: pela esquerda católica, que, com base na Juventude Universitária Católica, construiria a Ação Popular (AP); pelo grupo composto por jovens intelectuais críticos da proposta pecebista de revolução burguesa no Brasil, a Organização Revolucionária Marxista — Política Operária, conhecida como POLOP; sem contar o setor que saiu do PCB para criar o PCdoB. Não obstante, nenhum grupo conseguiu tomar a hegemonia do PCB no interior da esquerda brasileira de 1945 a 1964. Lembre-se ainda que, embora tolerados naqueles anos de relativas liberdades democráticas em vigor, raros grupos e partidos de esquerda eram legais, impossibilitados, portanto, de integrar-se à vida institucional concorrendo a eleições, por exemplo. Isso prejudicava bastante sua inserção na sociedade.

Dentro do quadro institucional, estavam à esquerda o pequeno PSB e uma ala minoritária e combativa do trabalhismo, composta por alguns integrantes nacionalistas do PTB e de partidos menores. Apesar das divergências, o PSD, a UDN e a maior parte do PTB eram forças políticas conservadoras. Tanto que lideranças expressivas desses partidos apoiaram ou foram coniventes com o golpe militar de 1964, que supostamente livraria o Brasil da ameaça comunista e da corrupção de certos políticos.

Particularmente a UDN estava intimamente ligada à conspiração que redundou no golpe.

Justamente porque tivera respaldo nas direções da maioria dos partidos, alegando pretender garantir a ordem institucional democrática, o novo regime militar a princípio não alterou as regras do jogo. Preservou os partidos existentes e prometeu manter o calendário eleitoral, que previa em breve eleições para os governos estaduais, seguidas das eleições presidenciais em 1966. Tratou-se apenas de cassar os mandatos dos políticos considerados esquerdistas, quase todos reformistas e trabalhistas. Por exemplo, foram cassados mais de cinquenta deputados federais, cuja maioria vinha da ala esquerda do PTB e de outros partidos menores.

O grosso da repressão golpista recaiu sobre os trabalhadores, que esboçavam organizar-se com independência do jogo político das elites que comandavam o país: em 1964 e 1965, mais de trezentos sindicatos tiveram suas diretorias destituídas pelo governo, confederações de empregados sofreram intervenção, conquistas trabalhistas foram revogadas, o direito de greve foi praticamente extinto, sem contar as inúmeras prisões e processos contra trabalhadores acusados de subversão da ordem. A repressão também atingiria diretamente os comunistas e os reformistas em geral, os integrantes de movimentos de marinheiros e de sargentos que contestavam a hierarquia militar, os lavradores que exigiam uma reforma agrária, líderes do movimento estudantil e outros.

Não caberia analisar aqui pormenorizadamente o golpe de 1964, mas pode-se dizer em síntese que ele foi dado para conter as crescentes reivindicações dos movimentos populares por reformas econômicas, políticas e sociais, tais como as reformas agrária, educacional, e nas Forças Armadas. As forças da ordem estabelecida, ciosas de seus privilégios, não pretendiam fazer concessões significativas aos trabalhadores, especialmente na conjuntura de crise econômica que vinha desde 1962, e assustaram-se quando eles começaram a organizar-se autonomamente, exigindo direitos de cidadãos integrais, como os de acesso à terra e a condições dignas de vida, com melhores salários, moradias, educação, transporte, saúde, cultura, condições de trabalho, liberdade de organização, reunião e expressão. Temendo perder o controle do processo político, os partidos conservadores trataram de recorrer ao Exército, para restabelecer a "ordem" indispensável à retomada do "desenvolvimento".

Revelava-se esgotado o chamado pacto populista entre empresários e trabalhadores, vigente até 1964, pelo qual havia uma associação entre o projeto de industrialização do Brasil e a plataforma trabalhista, de limitadas concessões aos assalariados, que deveriam acatar a ideia de colaboração de classe e de paz social. Quando os trabalhadores começaram a se conscientizar, a participar mais ativamente do processo político, passaram a incomodar os donos do poder. Estes já não os convenciam com a ideologia da participação indiferenciada de um único povo ordeiro no desenvolvimento democrático da nação. A ideologia dominante teria de se rearticular sobre novas bases, pregando agora a eficiência técnica de especialistas (economistas, engenheiros, militares, enfim uma elite dirigente instruída), capazes de conduzir o desenvolvimento saudável da nação, desde que a segurança interna estivesse assegurada pelos militares. Noutras palavras, a participação e politização popular só interessou aos donos do poder enquanto não colocou em questão as bases do poder econômico, social e político estabelecido.

As origens do bipartidarismo

Vimos que o golpe de 1964 deixou intacta a estrutura partidária existente, num primeiro momento. O regime militar sempre procurou manter alguns mecanismos de democracia representativa, como eleições periódicas para o Congresso Nacional, ainda que ele tivesse poderes bastante limitados. Havia motivos para isso, como as tentativas de dar aos governos "revolucionários" alguma legitimidade junto à população; de criar instituições que garantissem a estabilidade política do novo regime; de manter externamente a imagem de país relativamente democrático; de não macular internamente perante a tropa a ideia das Forças Armadas como guardiãs das instituições democráticas etc. Mas uma das razões principais talvez estivesse no fato de que o golpe de 1964 não foi exclusivamente militar, congregou várias forças políticas civis, originárias da burguesia brasileira, das oligarquias rurais, dos setores ligados ao capital estrangeiro, de parcelas das classes médias, enfim, de todos aqueles que se sentiram ameaçados pelas crescentes reivindicações dos trabalhadores.

O apoio civil ao golpe militar podia ser medido pelas famosas "marchas da família com Deus, pela liberdade", que juntaram multidões em todo o país em 1964, com o apoio de entidades patronais, da Igreja Católica, de organizações de mulheres de classe média, de governos estaduais, de políticos conservadores etc. Daí que grande parte do PSD, os setores moderados do PTB, o PSP e outros pequenos partidos, além da UDN em bloco, tenham apoiado e mesmo ajudado a tramar o golpe. Por essa razão, ficava difícil para os militares alijar completamente os civis do poder. Haveria lugar para eles não só na tecnoburocracia do Estado, que se expandiria muito depois de 1964, mas também nas instituições políticas, como o Congresso Nacional. Lá se formou, no início de 1965, um bloco pluripartidário "revolucionário-parlamentar" para dar apoio ao governo.

Logo depois do golpe, a expectativa entre os políticos civis que o invocaram era de que os militares logo voltariam aos quartéis, depois de restabelecer a ordem, conforme os comandantes militares prometiam. A UDN chegou a lançar a candidatura de seu líder principal, Carlos Lacerda, às eleições diretas presidenciais previstas para 1966. Apesar da perseguição aos considerados subversivos, determinada pelo ato institucional de abril de 1964, a ordem constitucional e o calendário eleitoral foram

Comício da Central do Brasil em março de 1964, que levou milhares de pessoas às ruas do Rio de Janeiro em apoio às reformas de base do presidente João Goulart.

mantidos pelo presidente da República, marechal Castelo Branco, tido como oficial legalista e moderado, apesar de ter sido o condutor supremo do golpe.

Conforme o previsto, realizaram-se eleições diretas para o governo de onze estados em outubro de 1965, depois de aprovado junto ao Congresso um projeto de lei do Executivo, que proibia políticos indesejáveis de disputar a eleição. Mesmo assim, a aliança oposicionista moderada PSD-PTB venceu nos dois estados mais importantes, Guanabara e Minas Gerais, até então governados respectivamente pelos udenistas Lacerda e Magalhães Pinto, dois dos principais líderes civis do golpe de 1964. Apesar da moderação dos governadores eleitos, sua vitória foi vista pelo governo federal, sobretudo pelos setores mais duros das Forças Armadas, como ameaça à continuidade da nova ordem "revolucionária", um risco de retorno ao "caos" e à "anarquia" supostamente vigentes até 1964.

Em 1964, as "Marchas da Família, com Deus, pela Liberdade" levaram às ruas multidões em apoio aos golpistas.

O resultado das eleições jogou lenha na fogueira das divergências no interior das forças golpistas: crescia a proposta de tomar novas medidas excepcionais para assegurar a institucionalização da nova ordem, eliminando o risco de retorno ao passado. Diante disso, Castelo Branco tentou obter junto ao Congresso a aceitação de uma emenda constitucional que lhe permitiria ampliar ainda mais os poderes do Executivo federal, em detrimento dos governos estaduais, municipais e dos poderes Legislativo e Judiciário. Numa palavra, procurava-se uma via institucional para o fechamento do regime.

Apesar da submissão voluntária do Congresso até então, a proposta do Executivo passou dos limites da aceitação. Pela primeira vez, a maioria do Parlamento mostrava-se reticente em acatar a proposta, pois ela retirava quase todo o poder que o Congresso ainda tinha. Percebendo que sua proposta seria rejeitada, o governo resolveu impor suas decisões à força: em 27 de

Durante o governo de Castelo Branco foi instaurado o bipartidarismo.

outubro de 1965, Castelo Branco decretou o Ato Institucional nº 2 (AI-2), que ia além do projeto inicialmente enviado ao Congresso. Agora, o presidente podia governar por decreto, fechar o Congresso, suspender direitos políticos, cassar mandatos, enfim revestia-se de poderes ditatoriais mais nítidos. O AI-2 também determinava eleições indiretas para a presidência da República, além de extinguir os partidos políticos existentes.

O governo mostrava que lhe era indispensável um Congresso Nacional cuja maioria estivesse totalmente afinada com suas iniciativas para manter a ordem e retomar o desenvolvimento. Para tanto, a velha estruturação partidária já não se revelaria adequada, como se evidenciou por ocasião da recusa da emenda constitucional. Já vimos as razões pelas quais, ao mesmo tempo, era indispensável ao regime manter o Congresso funcionando, o que implicava tolerar algum tipo de oposição. A solução encontrada foi instituir o bipartidarismo, por meio do Ato Complementar nº 4 (AC-4). Buscava-se constituir uma base parlamentar ampla, unida e coesa em torno do governo, integrando um partido forte. O outro partido, mais fraco, seria de oposição moderada e construtiva.

Portanto, o AI-2 e o AC-4 deixavam aos políticos de então a "liberdade" para se reagruparem na criação de dois novos partidos, um da situação, outro da oposição. Assim nasceram a Arena e o MDB. O primeiro, como partido do governo, o segundo da oposição, cuja plataforma era basicamente o retorno à democracia. Na Câmara Federal, logo após a mudança nas leis partidárias, a Arena passou a contar com 257 deputados (86 originários da UDN, 78 do PSD, 38 do PTB, 18 do PSP, 13 do PDC, e os demais de outros partidos extintos). Já o MDB agruparia 149 deputados federais (78 vindos do PTB, 43 do PSD, 9 da UDN, e os demais de outras agremiações). Como se vê, a intenção era criar uma base parlamentar sólida para o governo, extinguindo as antigas afinidades e diversidades partidárias.

Apesar da artificialidade inicial, o bipartidarismo consolidou-se, continuou vigente por quatorze anos, enquanto foi funcional para o regime. Não obstante a insubordinação e a ruptura com o governo de alguns líderes dos antigos partidos que haviam apoiado o golpe de 1964, uma ampla maioria dos políticos da época conformou-se ao novo papel a que fora relegada.

Os partidos e o fechamento do regime militar

O progressivo fechamento, associado à política econômica recessiva entre 1964 e 1968, foi afastando o regime de setores da sociedade civil que lhe deram apoio inicial, principalmente aqueles de classe média, desapontados com os rumos ditatoriais do governo e sentindo na pele os efeitos do arrocho salarial imposto pela equipe econômica após o golpe. Diante dessa situação e de violações aos direitos humanos de oposicionistas presos, a maior parte da Igreja Católica também retirou seu apoio ao regime, vindo a constituir-se nos anos seguintes em um dos principais focos de oposição. O movimento estudantil, que fora

Entre 1968 e 1971, vários grupos de esquerda pegaram em armas, nas cidades, contra a ditadura militar. Na foto, o guerrilheiro Carlos Marighella, morto pela polícia em 1969.

praticamente desbaratado em 1964, lentamente recuperou suas forças, reorganizou-se e passou a expressar o crescente descontentamento popular, que não cabia nos estreitos marcos institucionais, na oposição consentida e moderada do MDB.

O processo culminou com as grandes manifestações de rua de 1968, promovidas pelos estudantes e duramente reprimidas pela polícia do governo, que teve de enfrentar nesse ano a eclosão de duas greves operárias significativas contra a política econômica e salarial em vigor, deflagradas em Contagem (MG) e em Osasco (SP). A insatisfação com a ditadura, então presidida pelo marechal Costa e Silva, que sucedeu a Castelo Branco em 1967, era evidente por todos os lados: nas canções, romances, peças teatrais e filmes do período, nos protestos de rua, e nas páginas dos jornais.

O MDB não conseguia dar vazão às insatisfações com a ditadura, naquela conjuntura de revolta, para a qual também contribuía a agitação política e cultural anticapitalista no plano internacional, nas mobilizações no mundo todo contra a guerra

As manifestações de rua de 1968 revelaram o descontentamento de amplos setores da população com o regime militar.

promovida pelos Estados Unidos contra o Vietnã, na eclosão de guerrilhas pela América Latina, nos protestos estudantis na França e em outros países. Contudo, apesar da moderação do MDB e da sua legitimidade restrita como oposição, surgiu no seu interior uma ala mais aguerrida, que levava ao plenário o clamor das ruas, apoiando o movimento estudantil, o que o regime considerava radicalização excessiva.

No decorrer de 1968, foram ganhando força ainda maior os setores militares mais duros, que desde 1964 vinham obtendo o fechamento político progressivo. Já em março de 1968, portanto antes das grandes mobilizações de rua e do início das ações da esquerda armada, o ministro da Justiça, Gama e Silva, apresentou ao presidente um esboço do ato institucional que fecharia por completo o regime. Costa e Silva de início não adotou as medidas aconselhadas, mas acabou por fazê-lo em dezembro daquele ano, diante da pressão da chamada "linha dura".

O pretexto para a edição do Ato Institucional nº 5 (AI-5) foi a recusa do Congresso em conceder licença para que o governo processasse o deputado Márcio Moreira Alves, autor de um discurso nas tribunas considerado ofensivo pelos militares. Embora tivesse folgada maioria num Congresso que lhe era quase totalmente subserviente, o governo não conseguiu aprovação para o processo. Pressionada pela opinião pública e num último gesto de dignidade, já que o deputado constitucionalmente gozava de imunidade parlamentar, a maioria da Câmara Federal recusou a permissão para o processo. A resposta seria imediata: suspensão das atividades do Congresso e concessão de poderes ilimitados ao presidente da República, com a decretação do AI-5.

Em poucos meses, o MDB perdeu quase metade de seus representantes no Congresso, além de inúmeros vereadores, prefeitos e deputados estaduais, todos com os mandatos cassados pelo AI-5. Parlamentares rebeldes da Arena também foram excluídos do jogo político institucional. Iniciava-se o período mais terrível da ditadura militar, quando rígida censura atingiu todos os meios de comunicação e qualquer crítica ao governo era considerada subversiva. Os oposicionistas arriscavam-se a ser presos, torturados ou mortos.

Paralelamente, no campo econômico, tinha início o chamado "milagre brasileiro", a retomada do desenvolvimento que fazia o Produto Interno Bruto (PIB) crescer aceleradamente. Nesses anos, caracterizados pela concentração de riquezas no Brasil, grandes fortunas foram feitas, enquanto à massa da população eram oferecidos empregos e sonhos de subir na vida através do trabalho e do esforço individual. Os militares usaram esse desenvolvimento para se legitimar junto à opinião pública, procurando demonstrar que o progresso do país só fora retomado devido à manutenção da segurança pública pelos governos militares.

Apesar de tudo, nem mesmo nesse período os militares abriram mão de uma certa participação política parlamentar, ainda que muito limitada. Promoveram uma revisão da Constituição de 1967, tornando-a ainda mais fechada, em 1969, mantendo formalmente em vigor uma Carta Constitucional. O Congresso, devidamente expurgado, foi reaberto quase um ano depois de ter suas atividades suspensas, a fim de "eleger" o novo presidente da República indicado pelos militares, general Emílio Garrastazu Médici, que obteve 293 votos da Arena, enquanto os 76 parlamentares emedebistas remanescentes preferiram abster-se da votação, cujo propósito era legitimar politicamente o governo.

A moderação excessiva levou o amedrontado MDB à sua maior derrota eleitoral, em 1970, já que o partido não foi reconhecido pelo eleitorado como oposição de fato. Boa parte dos descontentes com a ordem estabelecida preferiu votar nulo ou em branco nas eleições parlamentares de 1970. Mas se, por um lado, houve número recorde de votos brancos e nulos naquelas eleições, por outro elas deram a vitória para a Arena, que baseara sua campanha nos êxitos do "milagre" econômico.

Partidos e organizações de esquerda pós-1964

Depois de 1964, apesar da repressão, os grupos de esquerda continuaram atuando na clandestinidade, à margem das instituições ou secretamente em seu interior. O termo "esquerda" poderia ser entendido como a soma das forças de algum modo críticas da ordem capitalista, a favor de mudanças socializantes, como já expusemos.

O golpe e a falta de resistência a ele em 1964 jamais foram assimilados pela esquerda, que no início dos anos de 1960 tivera seu período de maior influência política na história do Brasil no século XX, embora ela não tivesse sido tão significativa a ponto de conquistar a hegemonia política no conjunto da sociedade brasileira, que sempre permaneceu com a direita. Após o golpe, surgiram inúmeras dissidências no interior do PCB, descontentes com a moderação e a passividade da maioria de sua direção. Foram os casos da Ação Libertadora Nacional (ALN), organização guerrilheira comandada por Carlos Marighella, e do Partido Comunista Brasileiro Revolucionário (PCBR), liderado por Mário Alves, sem contar uma infinidade de dissidências estudantis pelo Brasil afora. O PCdoB, a POLOP (Política Operária), a AP e a esquerda nacionalista continuaram atuando, também eles suscetíveis a cisões.

Em pouco tempo, a esquerda brasileira converteu-se num mosaico de dezenas de organizações políticas, com divergências sobre o caráter da revolução brasileira a ser levada adiante, sobre as formas que a luta revolucionária deveria assumir, sobre o tipo de organização política necessária para conduzir a revolução etc. Mas, apesar das divergências entre si, quase todos os grupos apontavam a necessidade da luta armada para derrubar o regime militar. Apenas o PCB, fracionado e enfraquecido, propunha apoiar a política oposicionista legal e moderada do MDB. O progressivo endurecimento do regime militar, que levou ao AI-5 em dezembro de 1968, contribuiu para que setores crescentes da oposição vissem nas armas o recurso para combater a ditadura. Das conspirações nacionalistas de esquerda logo após o golpe, lideradas por Leonel Brizola desde o exílio no Uruguai, até a Guerrilha do Araguaia, promovida pelo PCdoB e derrotada militarmente no começo de 1974, passando pelas ações de guerrilha urbana de grupos como a ALN e a Vanguarda Popular Revolucionária (VPR), foram muitas as tentativas de organizar uma resistência armada ao poder militar. Todas elas foram aniquiladas pelo governo, que matou, prendeu, torturou ou exilou seus adversários, especialmente os mais combativos.

O que embasava teoricamente as propostas da esquerda armada era a análise que se fazia na época, corrente na intelectualidade, segundo a qual o capitalismo brasileiro estaria bloqueado no seu desenvolvimento, incapacitado para progredir, num processo de estagnação insuperável pelo modelo econômico da ditadura, excludente da maioria da população. Talvez, em tese, de acordo com esse raciocínio, a saída para o capitalismo brasileiro fosse o desenvolvimento nacional independente, com a ampliação do mercado pela incorporação das massas populares, secularmente excluídas. Mas isso seria irrealizável, devido à subordinação da burguesia brasileira aos ditames do capital internacional e ao seu vínculo umbilical com as classes dominantes agrárias, às quais interessaria manter o atraso do país. De modo que a ordem estabelecida, unindo a burguesia nacional, os latifundiários e os imperialistas, incapaz de gerar desenvolvimento, só estaria assegurada pela força bruta do regime militar. Este, sem possibilidades de retomar o desenvolvimento, supostamente veria avolumar-se a oposição popular. Então, a conclusão a que chegaram os grupos guerrilheiros era de que seria preciso surgir uma vanguarda que conduzisse a oposição para derrubar a ditadura, que só cairia pela força das armas.

O "milagre" econômico viria desmentir o fundamento dessa análise, a tese de que seria impossível recuperar a economia, mantendo a situação social, política e econômica desfavorável da maioria da população. Pelo contrário, demonstrou que ainda havia fôlego para o progresso do capitalismo brasileiro, que encontraria seu principal mercado nas camadas médias e altas da população, ávidas pelo consumo de bens duráveis, como eletrodomésticos e automóveis. Também através da exportação seria encontrado mercado para a produção nacional. Apesar de excluída dos ganhos do desenvolvimento, submetida ao arrocho salarial e ao tolhimento das liberdades democráticas, a maioria dos despossuídos encontrava empregos e alguma possibilidade de melhorar seus padrões de consumo, por exemplo, comprando televisores a prazo. A retomada do desenvolvimento permitiu ao regime atender, embora desigualmente, os interesses imediatos do capital e do trabalho: acumulação capitalista pelas empresas e criação de empregos aos trabalhadores.

A repressão feroz e o desenvolvimento econômico desarticularam as oposições por algum tempo. A esquerda armada foi dizimada militarmente, especialmente entre 1969 e 1971, enquanto o MDB e a oposição moderada sofriam aquela derrota eleitoral a que nos referimos, em 1970. Levantamento detalhado do *Dossiê*

Ditadura: mortos e desaparecidos políticos no Brasil (1964-1985), indicaria que ao menos 396 pessoas pereceram devido a diversas atividades de oposição à ditadura, especialmente a armada.

As arbitrariedades da ditadura, contudo, atingiram muito mais gente — como atestam os dados da Comissão de Anistia do Ministério da Justiça, criada em 2001 para indenizar os perseguidos políticos. Até maio de 2007, a comissão analisara 29.079 pedidos, dos quais 55% foram atendidos, restando na época ainda outros 28.558 processos para serem analisados, conforme noticiado no jornal *Folha de São Paulo* (14/06/2007, p. A14). O balanço final das vítimas da ditadura ficaria em suspenso até a abertura de todos os documentos de Estado da época, principalmente os militares, que continuariam secretos em pleno século XXI.

Com o retorno da democracia, vários ex-guerrilheiros integraram-se à política institucional, militando nos mais diversos partidos, de todo espectro ideológico. O caso de maior sucesso seria o de Dilma Rousseff, que chegaria à presidência da República nas eleições de 2010, como veremos adiante.

Os partidos e a política de distensão

O "milagre" econômico não duraria eternamente. Em 1973 e 1974, surgiam sinais de crise econômica. Tornava-se arriscada para a estabilidade do regime a sustentação política baseada quase exclusivamente na repressão e nos êxitos econômicos. Começou a ganhar força entre os donos do poder a tese da "transição lenta, gradual e segura" para uma democracia representativa plena no Brasil, sempre considerando a necessidade de manter sob controle os críticos mais radicais da ordem estabelecida. Mesmo com certo desagrado tácito ou explícito dos setores mais duros e de direita das Forças Armadas, o general Ernesto Geisel sucedeu Médici na presidência da República no início de 1974, promovendo o que se chamou na época "política de distensão" da ditadura, mais tarde também denominada

Ernesto Geisel (à esq.), junto com o general Golbery (à dir.), articulou a transição para a democracia.

"abertura política" ou transição democrática, que ainda duraria mais dez anos, com avanços e retrocessos, até a eleição indireta de um civil para a presidência em 1984, completando-se apenas com as eleições presidenciais diretas de 1989, que levaram Collor de Mello ao poder.

Considerando que Collor era herdeiro político da antiga Arena, que o escolheu para ser prefeito de Maceió nos anos de 1970, pode-se dizer que do ponto de vista dos partidários da ordem teve sucesso a política de distensão projetada por Geisel: a transição da ditadura à democracia completou-se pacificamente, de forma lenta, gradual e segura, dentro da ordem, mantendo as forças conservadoras no poder, hegemônicas no seio da sociedade brasileira. Vitória também do general Golbery do Couto e Silva, principal estrategista político nos bastidores do regime militar.

A distensão iniciada por Geisel permitiu ao MDB, presidido desde 1971 por Ulysses Guimarães, antigo político do extinto PSD, articular um discurso menos moderado contra a ditadura. Depois da derrota eleitoral em 1970, setores do MDB convenceram-se da necessidade de construir uma atuação oposicionista mais consistente, indispensável à sobrevivência do partido. Isso ficaria evidente na campanha eleitoral parlamentar de 1974, quando candidatos do MDB usaram o horário eleitoral gratuito na televisão para fazer críticas ao governo. O esforço revelou-se frutífero: o partido canalizou para si o descontentamento popular com a ditadura, que ficara indicado pelo número elevado de votos nulos e brancos em 1970, e que vinha crescendo com o esgotamento do "milagre" econômico. Surpreendentemente, o MDB venceu as eleições de 1974, assustando o regime militar: ele teve mais votos que a Arena para o Senado, embora perdesse por pequena margem em número absoluto de votos para a Câmara Federal. Os votos na oposição concentraram-se especialmente nos grandes centros urbanos.

Principalmente devido à distribuição desigual de cadeiras no Congresso, que privilegiava estados menos populosos, onde a Arena era mais forte, o partido do governo manteve a maioria parlamentar, enquanto a maior parte dos eleitos pelo MDB era moderada e até adesista às diretrizes governamentais. Contudo, o regime sentiu-se ameaçado pelo resultado das eleições, que supostamente revelavam que "o povo brasileiro ainda não está preparado para votar", como diziam os conservadores na época. Setores das Forças Armadas tramaram contra Geisel, que teve força política para derrotá-los e dar continuidade à distensão. Esta, no entanto, teria avanços e recuos, como em 1977.

Naquele ano, Geisel declarou o recesso temporário do Congresso Nacional, por este ter-se recusado a aprovar o projeto governamental de reforma do poder Judiciário. Impôs então o chamado "pacote de abril", introduzindo medidas econômicas e políticas que buscavam assegurar o controle do governo sobre o processo político. Foram medidas adotadas: permanência de eleições indiretas para os governos estaduais, garantindo colégios eleitorais com maioria arenista, que elegeriam também indiretamente um terço dos senadores; restrições rígidas às campanhas eleitorais no rádio e na televisão; aumento no mandato do novo presidente de cinco para seis anos, com regras assegurando a maioria da Arena no colégio eleitoral que o elegeria indiretamente, entre outras. Uma vez baixado o "pacote de abril", o Congresso foi imediatamente reaberto e o governo continuou o projeto de distensão, mas deixando bem claro à oposição que estavam em seu poder o ritmo, a forma e o conteúdo da abertura política.

Enquanto isso, a repressão não dava trégua aos partidos clandestinos de esquerda. Por exemplo, em 1975, vários dirigentes do PCB foram presos ou mortos, levando o partido a transferir seu Comitê Central para o exílio. Em dezembro de 1976, o Exército também prendeu ou matou os dirigentes do PC do B, reunidos numa casa do bairro paulistano da Lapa, deixando o partido sem direção no Brasil até 1980.

Vieram as eleições parlamentares de 1978. Com todas as restrições impostas, o MDB só conseguiu manter aproximadamente o mesmo número de votos que conseguira quatro anos antes. De qualquer forma, ficava claro para o regime que o sistema bipartidário deixara de ser funcional. Pelo contrário, tornara-se um entrave, congregando num mesmo partido todas as forças de oposição. De fato, o MDB estava cortado por várias facções internas, que só tinham em comum o desejo de retorno à democracia. Tratava-se mais de uma frente política do que de um partido propriamente dito.

Caberia ao sucessor de Geisel, general João Baptista Figueiredo, assumir a tarefa de continuar o processo de distensão, para o qual seria indispensável uma reforma partidária que preservasse um partido coeso em torno do governo, dividindo a oposição. Assim, no final de 1979 foi encaminhado ao Congresso um projeto governamental de reforma partidária, que terminaria aprovado, contra a vontade do MDB. O projeto não só definia as normas para a constituição de novos partidos, como exigia o fim das siglas Arena e MDB.

A volta do pluripartidarismo

A Arena passou a chamar-se PDS. Sua representação na Câmara Federal caiu ligeiramente, de 231 para 215 deputados. Já o antigo MDB, agora chamado de PMDB (acrescentando a denominação Partido antes de seu velho nome), caiu de 189 para 115 deputados. Surgiram também: o moderado-conservador Partido Popular (PP), liderado por Tancredo Neves, com 69 parlamentares; e os herdeiros do trabalhismo — PTB, com quatro deputados, e PDT, com dez representantes na Câmara. Finalmente, mais à esquerda, apareceu o PT, com cinco deputados federais. Os partidos comunistas continuaram fora da lei e só viriam a ser reconhecidos legalmente em meados dos anos de 1980.

Um decreto governamental, que proibia alianças partidárias nas eleições diretas para governador em 1982, levou o PP a dissolver-se. A fim de melhorar as oportunidades eleitorais de seus candidatos, a maioria dos pepistas resolveu integrar-se ao PMDB, enquanto uma minoria foi para o PDS. Nessas eleições, o PMDB venceria em estados importantes, como São Paulo e Minas Gerais, elegendo seus governadores. O PDT de Brizola triunfaria no Rio de Janeiro, restando ao PDS a maioria nos estados menos desenvolvidos, sobretudo do Nordeste. Isso lhe valeria, entretanto, a maioria das cadeiras no Congresso Nacional, bem como no colégio eleitoral que elegeria indiretamente o sucessor de Figueiredo na presidência da República. A predominância do PDS no Congresso garantiu também a não aprovação da emenda constitucional que previa a realização de eleições diretas para a presidência da República em 1984, apesar do apoio à emenda do maior movimento de massas da história do Brasil, que levou às ruas milhões de pessoas pelo país afora, em comícios e passeatas que pediam "diretas já".

Contudo, por ocasião da sucessão presidencial, o PDS "rachou", dividiu-se. Uma parcela dissidente recusou-se a apoiar a candidatura civil de Paulo Maluf, vencedor nas primárias do

O comício pelas "diretas já", em 1984, reuniu milhares de pessoas na Praça da Sé em São Paulo.

PDS contra o militar Mário Andreazza. Os dissidentes formaram a Frente Liberal e entraram em negociação com o PMDB para apoiar a candidatura moderada de Tancredo Neves nas eleições indiretas, obtendo em troca a vice-presidência na chapa, que coube ao antigo líder do PDS, o agora dissidente José Sarney. A Frente Liberal e o PMDB formaram a Aliança Democrática, que conseguiu derrotar no colégio eleitoral o candidato do governo à sucessão. Com a súbita morte do presidente eleito, Tancredo Neves, o governo ficou nas mãos do vice. José Sarney começaria seu mandato apoiado pela Aliança Democrática, isto é, pelo PMDB e pelo já então PFL, criado a partir da referida cisão do PDS.

Já ao final do governo Sarney surgiria outro partido importante, como dissidência do PMDB. Inconformados com a moderação desse partido e com o apoio que insistia em dar a Sarney — embora o presidente se revelasse cada vez mais comprometido com o PFL e com os interesses conservadores —, os descontentes do PMDB criaram o PSDB. Então, já vigorava a Constituição democrática de 1988, que reconhecia pleno direito de organização política partidária.

Completava-se, assim, o quadro partidário das principais forças políticas que disputariam as eleições presidenciais diretas em 1989: o PDS (que lançou Paulo Maluf como candidato), o PFL (Aureliano Chaves), o PMDB (Ulysses Guimarães), o PSDB (Mário Covas), o PDT (Leonel Brizola), o PT (Luís Inácio Lula da Silva), e o PCB (Roberto Freire). Todavia, o vencedor dessas eleições não estaria apoiado em partidos consolidados: o presidente Fernando Collor de Mello foi lançado pelo pouco expressivo Partido da Reconstrução Nacional (PRN).

O desinteresse político e seus beneficiários

A sociedade brasileira tem sido considerada pelos analistas como despolitizada. Seus cidadãos seriam na maioria desinteressados politicamente, cada um tratando de cuidar de seus interesses particulares, deixando as decisões políticas nas mãos de técnicos e políticos profissionais do governo. O senso comum identifica a política com decisões governamentais que vêm prontas de cima para baixo, devendo ser cumpridas independentemente de nossas vontades individuais.

Isso vai ao encontro do velho pensamento positivista conservador de Auguste Comte: "Quão doce é obedecer quando podemos desfrutar da felicidade de estarmos desobrigados, por dirigentes sábios e ilustres, da responsabilidade premente da direção geral da nossa conduta". Mas a obediência torna-se de fato amarga, pois os dirigentes raramente são sábios e ilustres, e, mesmo quando o são, costumam tomar decisões tendentes a privilegiar as elites, em detrimento da maioria da população. De modo que os atos do governo geralmente são impopulares, gerando insatisfação, que se transforma em decepção com a própria política e com os políticos em geral.

Ulysses Guimarães, morto tragicamente num acidente aéreo em 1992, foi um dos principais líderes políticos do país.

Ao invés de perceber-se como sujeito político, que pode atuar para a transformação social, o cidadão em potencial prefere fechar-se em seu mundo privado, desiludido com a política. Esse aparente desinteresse político no fundo indica distanciamento crítico da política governamental, mas acaba paradoxalmente por reforçá-la: quem cala consente. Todos sofrem as consequências dos atos políticos do governo, que tendem a se perpetuar caso não surja uma oposição organizada e combativa contra eles.

Assim, o desinteresse político, a recusa em assumir uma posição política, não deixa de significar uma tomada de posição política, que referenda a ordem estabelecida, como se ela fosse natural e inevitável. O desprezo pela política, ao invés de negar a política que é feita, acaba garantindo a sua continuidade.

O secular desinteresse político dos brasileiros foi potencializado nos anos da ditadura militar, que esvaziou as atividades partidárias, reprimiu a oposição, impôs censura aos meios de comunicação, implantou uma reforma educacional que massificou o ensino, retirando-lhe quase todo o aspecto crítico, proibiu greves e a livre associação para trabalhadores e estudantes, divulgou a ideologia governamental por todos os meios, especialmente pelo uso da propaganda na televisão, enfim, fez o possível para que o povo deixasse os interesses coletivos nas mãos de especialistas do governo.

A ideologia difundida era a de que cada membro da sociedade deveria dar o máximo de si para colaborar no projeto de desenvolvimento do país, formulado de cima para baixo por técnicos, intelectuais, políticos e militares do governo, que saberiam melhor do que ninguém os caminhos para a felicidade e o desenvolvimento da nação. Quando essa ideologia mostrou seus limites e a ditadura militar finalmente terminou, a incapacidade do governo Sarney de realizar as transformações esperadas e de combater a corrupção e a impunidade generalizadas também contribuiu para a desilusão com a política e com os políticos.

Percebendo como poucos esse desencanto, utilizando-se politicamente da despolitização das massas, Collor lançou-se como o candidato à presidência que estaria acima da política e dos políticos, crítico da corrupção e da impunidade, propondo-se como o líder sábio e ilustre que daria as diretrizes gerais para as condutas dos brasileiros, sobretudo dos despossuídos, no sentido de modernizar o país, retomando o desenvolvimento.

A retomada, contudo, não se realizaria. Ironicamente, quem viria a cumprir a promessa, anos depois, seria o presidente Lula, candidato derrotado por Collor nas eleições de 1989, também encarnando a figura de "pai dos pobres".

Os partidos nas eleições presidenciais de 1989

Depois de quase trinta anos, no final de 1989, realizaram-se as esperadas eleições diretas à presidência da República. A campanha política foi acirrada. Ao final do primeiro turno eleitoral, os resultados foram os seguintes, em ordem decrescente de votos: Collor (PRN), 28,5% dos votos; Lula (PT), 16,1%; Brizola (PDT), 15,5%; Covas (PSDB), 10,8%; Maluf (PDS), 8,3%; Afif Domingos (Partido Liberal, PL), 4,5%; Ulysses (PMDB), 4,4%; Roberto

Freire (PCB), 1,1%; Aureliano (PFL), 0,8%, vindo a seguir outros doze candidatos pouco representativos. Os resultados mostram o grau de insatisfação popular com os partidos mais estruturados — PFL e PMDB —, que haviam dado suporte ao governo Sarney. Foram ao segundo turno das eleições os candidatos com discursos mais oposicionistas, embora diferenciados entre si.

Passaram para o turno eleitoral decisivo o candidato da Frente Brasil Popular (PT, PSB e PCdoB), Luís Inácio Lula da Silva, e o do PRN, coligado a outros pequenos partidos, Fernando Collor de Mello, que até pouco antes da campanha presidencial era o obscuro governador de Alagoas. A candidatura de Lula congregava forças diferenciadas, e não só do seu partido, que tinham em comum a aposta na politização dos brasileiros, na atuação política organizada e consciente dos cidadãos para realizar mudanças sociais.

Do lado de Collor estavam todas as forças conservadoras do Brasil. Para impedir a eleição de um candidato de esquerda, elas jogavam suas fichas no carisma daquele político de ascensão meteórica. Oriundo de tradicional e milionária família, filho e neto de conhecidos políticos conservadores, Collor iniciou a carreira pública sob os auspícios do regime militar, como prefeito de Maceió, indicado pela Arena. Em meados da década de 1980, passou ao PMDB, elegendo-se governador de Alagoas. Depois aderiu ao inexpressivo PRN, para obter uma legenda como candidato à presidência. Em 1988 e 1989, ganhou projeção nacional alardeando a "caça aos marajás" (perseguição aos altos funcionários do governo alagoano, que ganhavam muito para fazer pouco), e também com a oposição sistemática ao governo Sarney e aos políticos em geral, cada vez mais impopulares.

Collor conseguiu apoio de vários pequenos partidos, que lhe cederam seus horários gratuitos na televisão ao longo de 1989. Logrou também simpatias da Rede Globo de Televisão, campeã de audiência, o que lhe valia preciosos minutos de exposição no vídeo, onde aparecia muito bem, revelando capacidade de

Campanhas dos candidatos Lula e Collor à presidência da República.

comunicação. Estavam dados os fatores que, em pouco tempo, fizeram-no despontar nas pesquisas como favorito para as eleições presidenciais. Seu discurso paternalista, com apelos aos que chamava "descamisados", crítico da corrupção, dos políticos profissionais e das elites em geral, convencia a maioria despolitizada da população. Esta confiava no líder aparentemente sábio e ilustre que a livraria da obrigação de governar seu próprio destino, mudando desde as alturas do Estado o curso das vidas dos desvalidos. Mesmo atacadas verbalmente e sem confiar integralmente em Collor, as forças conservadoras foram aos poucos agregando-se à sua candidatura, que lhes parecia a mais capaz de conter as esquerdas.

No primeiro turno, Collor liderou a votação com folga. Lula obteve a segunda colocação, ultrapassando Brizola por estreita margem de votos. Os partidários de Lula conseguiram costurar acordos políticos com o PDT, PCB, PCdoB, PSB, setores do PSDB e do PMDB, católicos de esquerda, enfim, com o conjunto das forças de fato reformistas e interessadas na politização da maioria da população (a chamada esquerda). Esses acordos — associados à mobilização popular nas ruas, ao entusiasmo militante de seus partidários, a uma campanha política muito

Último debate da campanha eleitoral de 1989, entre os candidatos Lula e Collor e mediado pelo jornalista Boris Casoy.

bem montada na televisão e no rádio e ao carisma político do candidato — fizeram a candidatura de Lula decolar, despertando a vontade política de milhões de pessoas no sentido da transformação da sociedade brasileira.

No final da campanha havia empate técnico nas pesquisas eleitorais, numa reação da candidatura das esquerdas, o que levou os adeptos de Collor a uma resposta imediata. Eles lançaram mão do tradicional recurso de tentar difamar as pessoas, tão natural na velha política brasileira. Apresentaram a mãe da filha mais velha de Lula fazendo denúncias pessoais contra ele na televisão; insinuaram que o PT estava envolvido no sequestro de um empresário ocorrido naqueles dias; acusaram Lula de secretamente pretender confiscar imóveis e depósitos populares nas cadernetas de poupança (quem reteria as economias dos pequenos poupadores depois de eleito seria o próprio Collor); apelaram ao nacionalismo anticomunista mais primitivo, do tipo "estão querendo tingir de vermelho a nossa bandeira verde-amarela"; houve uma edição tendenciosa no Jornal Nacional do último debate televisivo entre Collor e Lula na TV Globo, com clara vantagem para Collor.

Feita a apuração, Collor acabou eleito, com 35.089.998 votos (50,0%) contra 31.076.364 de Lula (44,2%), registrando-se 4.094.339 votos brancos e nulos (5,8%). Pesquisas revelam que Collor ganhou a eleição graças aos votos dos segmentos mais pobres, degradados e despolitizados — a maioria dos brasileiros. O mesmo perfil de eleitor que passaria para o lado de Lula nas eleições dos anos 2000.

Em pouco tempo, o governo Collor demonstraria que a aproximação com os "descamisados" era apenas retórica, já que nenhuma reforma social significativa seria implementada. Uma série de escândalos em sucessão inédita na história republicana poria em questão o discurso moralista do "caçador de marajás". Dúvidas sobre sua competência gerencial e política logo o colocariam em confronto com setores do empresariado e com parte da mídia que havia apoiado sua candidatura. A maioria da população sentiria na própria carne as consequências de sua escolha nas urnas. O político que dizia odiar a política e os políticos, pregando a despolitização da sociedade, cada vez mais ia se revelando comprometido com as forças tradicionais da política brasileira.

O governo e o *impeachment* de Collor

O governo Collor teve início com a promessa de liquidar o "tigre" da inflação com "um único tiro". A ministra da Economia, Zélia Cardoso de Mello, implantou em março de 1990 o chamado Plano Collor, que retirou de circulação cerca de 100 bilhões de dólares. O governo reteve nos cofres do Banco Central (BC) tudo o que excedesse a módica quantia de 50 mil cruzados novos nas contas correntes bancárias, cadernetas de poupança e qualquer tipo de aplicação financeira. O plano foi acatado pelo Congresso Nacional e teve de ser obedecido pela população. O empresariado logo encontrou meios para liberar seu dinheiro preso no BC, ficando penalizados com a retenção sobretudo os pequenos poupadores.

O Plano Collor, de imediato, conseguiu baixar os índices inflacionários, mas acima dos níveis pretendidos: a inflação ficaria entre 10% e 20% mensais nos primeiros tempos do plano, com tendência ascendente. Quando ela atingiu mais de 20%, em janeiro de 1991, foi lançado o Plano Collor 2, desindexando a economia (por exemplo, desapareceu a correção monetária, e o governo acabou com aplicações de curto prazo, como o *overnight*).

Paralelamente, ainda em 1990, o governo enfrentou os primeiros escândalos: dispensa de licitação na contratação de empreiteiras pelo Ministério dos Transportes; contratação sem licitação de empresas de publicidade para a propaganda governamental (as mesmas que haviam feito a campanha presidencial de Collor); renúncia do presidente da Petrobras, denunciando pressões do governo e de Paulo César Farias para liberar empréstimo de milhões de dólares à Viação Aérea São Paulo (VASP), empresa aérea recém-privatizada.

Nos primeiros meses de 1991, vieram novos escândalos: suspeita de superfaturamento nas compras de cestas básicas pela primeira-dama, Rosane Collor; vazamento de informações governamentais sobre a suspensão das exportações de café, permitindo a especulação e os lucros milionários a certos empresários; atritos da ministra Zélia com o secretário de Desenvolvimento Regional, acusado de liberar importações na Zona Franca de Manaus para beneficiar seu irmão etc. Esse último episódio foi a gota d'água para que o presidente afastasse do governo, em maio de 1991, a ministra, já desgastada pelos fracassos dos Planos Collor 1 e 2 e pelo romance público e frustrado com o ministro da Justiça, Bernardo Cabral, um homem casado, que se viu forçado a renunciar ao cargo em outubro de 1990.

O saldo da gestão de Zélia e sua equipe foi trágico: a inflação continuou acima de 10% ao mês, o setor estatal da economia e a administração pública saíram dos eixos, os salários foram arrochados, o desemprego cresceu e a atividade econômica encolheu, numa recessão econômica sem precedentes.

Marcílio Marques Moreira, novo ministro da Economia, diplomata neoliberal, identificado com o sistema financeiro internacional, implementou em sua gestão (maio de 1991 a setembro de 1992) uma política agressiva de privatização e de arrocho salarial, liberando os preços, sem jamais cumprir a meta de baixar significativamente a inflação, estabilizada acima da casa dos 20% durante quase toda a sua gestão.

Enquanto isso, ainda em 1991, mais escândalos iam surgindo: pagamento pelo Banco do Brasil de uma dívida de milhões de dólares, contraída no exterior por usineiros alagoanos; festa privada milionária promovida pela primeira dama com dinheiro público; acusações de desvios de verbas da Legião Brasileira de Assistência (LBA) por parentes de Rosane Collor; compras superfaturadas no Ministério da Saúde; acusações de suborno e desvios de verba nos ministérios do Trabalho e da Ação Social, envolvendo os próprios ministros etc.

No início de 1992, acuado pela opinião pública e pelas denúncias na imprensa, sobretudo a escrita, Collor demitiu ministros considerados ineficientes, desgastados ou suspeitos de irregularidades. A reforma seria completada em abril do mesmo ano, com a renúncia coletiva do ministério. Então, o presidente manteve os ministros recém-nomeados e alguns outros, como os militares e Marcílio. Ele chamou para o governo intelectuais respeitados, mas nomeou sobretudo políticos do PFL, partido que passou a dar as cartas no comando do país. Assim, após o desastre da primeira parte de seu mandato, Collor procurava recuperar credibilidade e garantir a governabilidade.

Aparentemente, as coisas caminhavam conforme os planos de Collor, apesar de continuarem surgindo na imprensa novos escândalos, aparentemente assimilados pelo governo, que pretendia entrar em nova fase. Em maio de 1992, quando a crise parecia superada, surgiu na imprensa uma denúncia bombástica: movido por disputas empresariais, familiares e pessoais, envolvendo dinheiro, negócios e amores, o irmão do presidente, Pedro

Collor, denunciou Paulo César Farias como corrupto e testa de ferro na condução dos negócios do presidente.

Para investigar as denúncias de Pedro Collor, o Congresso instalou uma Comissão Parlamentar de Inquérito (CPI), buscando apurar atos ilícitos de PC Farias. A CPI começou seus trabalhos desacreditada, tanto pelo governo quanto pela maior parte da oposição. O ministro da Secretaria de Governo, Jorge Bornhausen, do PFL, declarou que "as CPIs nunca deram em nada; esta também não vai levar a lugar algum" (*Veja*, 30/9/1992, p. 28). Realmente, mais de quatrocentas CPIs foram criadas desde meados dos anos de 1940, acabando em nada. Isso dava segurança ao governo de que sairia ileso das investigações, atribuídas por ele ao "radicalismo do PT".

Todavia, aos poucos, as investigações foram ganhando vulto. Por exemplo, o empresário Takeshi Imai denunciou à CPI o "esquema PC Farias" de intermediação de verbas do governo. O andamento do processo ia levantando dados comprometedores para PC Farias. Adeptos do governo, como o governador da Bahia, Antônio Carlos Magalhães, já aceitavam que Farias deveria ser indiciado por corrupção ao final da CPI, mas isentando-se Collor de vinculação com qualquer ato ilícito, por falta de provas. A essa altura, ainda prevalecia o ceticismo na maioria da oposição. O senador do PSDB, Fernando Henrique, chegou a declarar que "*impeachment* é como bomba atômica: existe mas não é para ser usado" (*Veja*, 30/9/1992, p. 10).

O depoimento à imprensa, e posteriormente à CPI, do motorista da Presidência, Francisco Eriberto Freire França, lançaria nova luz às investigações, comprometendo diretamente Collor com PC Farias. Ele denunciou os depósitos frequentes feitos por empresas de Farias na conta de Ana Accioli, secretária particular do presidente. A reação dos amigos de Collor foi contar uma história pouco clara sobre um empréstimo de 5 milhões de dólares no Uruguai, feito pelo secretário particular do presidente, Cláudio Vieira, que pagaria as despesas de Collor com esse di-

Manifestação pública pelo impeachment do presidente Collor na avenida Paulista, em São Paulo, em 1992.

nheiro. Tal história, sobre a qual já pairavam dúvidas, foi posta em xeque pelo depoimento de Sandra Fernandes de Oliveira, secretária do escritório de Alcides dos Santos Diniz, apresentando indícios de que a "operação Uruguai" foi montada no escritório de seu patrão.

Diante do quadro da CPI, criada para investigar atos ilícitos de PC Farias, mas que crescentemente indicava sua vinculação com Collor, o presidente tomou uma atitude intempestiva e desafiadora: convocou os brasileiros a saírem às ruas trajando as cores verde e amarela, em solidariedade a ele, no domingo, 16 de agosto de 1992. O resultado foi inverso ao pretendido, pois muita gente foi às ruas de preto, em sinal de protesto contra o governo.

A partir daí, uma série de manifestações públicas tomou conta não só das grandes cidades do país, mas também das médias e pequenas, com impulso dado pelos estudantes secundaristas e universitários. Pediam-se ética na política e o *impeachment* de Collor. A maioria dos jornalistas, intelectuais e oposicionistas em geral, até então, não acreditava que a população deixasse de lado o desencanto com a política e saísse às ruas para exigir a saída de Collor. Enganaram-se: centenas de milhares de homens e mulheres, de todas as idades, das mais diversas origens sociais e convicções políticas, desfilaram em protesto.

A investigação da CPI levantou indícios de como os fundos estatais são apropriados pelas empresas privadas, nacionais e multinacionais. Ficou demonstrado que elas não dispensavam subsídios e favores governamentais, lícitos ou não, indispensáveis para financiar a chamada livre empresa. Foram convocados para depor a respeito, no Congresso e na Polícia Federal, vários empresários, até alguns dos maiores e mais conceituados. Constrangidos, eles argumentaram não agir fora da lei. Entretanto, explícita ou implicitamente, admitiram o tráfico de influências junto ao governo, tido como inevitável para fazer negócios no Brasil. Tanto que essa prática adentraria pelo século XXI, atravessando diferentes governos.

Uma revista publicou que "a CPI esforçou-se ao máximo para descobrir para onde ia o dinheiro do esquema PC, mas fingiu que não tinha tanta importância a origem desse dinheiro. Com isso, tranquilizou a parcela do empresariado que abasteceu a caixinha alagoana. Nem mesmo diante de terríveis provas de associação fraudulenta, alguns parlamentares deram a impressão de estar preocupados. No curso das investigações, eles descobriram notas frias no total de 7,8 milhões de dólares, emitidas por uma firma de PC para megaempresas brasileiras como as empreiteiras Norberto Odebrecht, Andrade Gutierrez e Tratex, ou a Votorantim, do empresário Antonio Ermírio de Moraes". No relatório final, repetindo nesse ponto a "covardia tradicional das CPIs", esses empresários foram citados como "vítimas de extorsão", escapando de "figurar na CPI na posição de corruptores" (*Veja*, 30/9/1992, p. 30).

Com a pressão dos movimentos de rua e novas provas que surgiam (cheques demonstravam que contas de Collor, inclusive a reforma na sua casa particular, foram pagas pelo "esquema PC"), a CPI produziu seu relatório final, de responsabilidade do senador Amir Lando, do PMDB. Citava-se não apenas PC Farias, mas também Collor, como tendo recebido vantagens econômicas indevidas.

O passo seguinte foi o pedido ao Congresso de abertura de processo de *impeachment*, medida legal para afastar o presidente da República, quando ele não cumpre a contento suas funções constitucionais. Desesperado, o governo abriu os cofres e os cargos públicos para parlamentares que se dispusessem a votar contra a abertura do processo na Câmara Federal, para o qual eram necessários 336 votos (2/3 dos deputados). Também apelou ao Supremo Tribunal Federal (STF), pedindo, entre outras coisas, que o voto para a abertura do processo de *impeachment* fosse secreto. O plano era garantir que a identidade dos que votassem com Collor ficaria desconhecida do eleitorado, majoritariamente contrário ao presidente (segundo pesquisa do Datafolha, antes da posse, 71% dos brasileiros esperavam um governo Collor "ótimo" ou "bom", índice que caiu para parcos 9% de aprovação ao governo, em agosto de 1992. *Folha de S.Paulo*, 30/9/1992, p. B-4).

O STF, em 23 de setembro, confirmou que a votação da abertura do processo de *impeachment* deveria ser em aberto, facilitando o trabalho dos partidos de oposição para angariar votos pelo *impeachment*. Em votação memorável, no dia 29 de setembro de 1992, a Câmara Federal autorizou a abertura do processo. Foram 441 votos, contra 38 (23 ausências e 1 abstenção). Vários aliados de Collor, sobretudo do PFL, do PDS, do PTB e de pequenos partidos ditos fisiológicos, vendo o barco afundar, passaram na última hora para o lado da oposição.

A decisão da Câmara implicou o afastamento de Collor por seis meses, assumindo a presidência o vice, Itamar Franco, até o julgamento definitivo do processo de *impeachment* pelo Senado. Desta vez, superou-se a crise política democraticamente. Os militares ficaram nas casernas, atuando politicamente nos bastidores, mas dentro da lei, quer contra o *impeachment* (caso do ministro do Exército, Carlos Tinoco), quer articulando favoravelmente à queda constitucional de Collor (como o ministro da Marinha, Mario César Flores).

A sessão histórica da Câmara foi assistida pela televisão em todo o país. A população vibrou com o resultado e saiu para comemorar pelas ruas: a pressão política popular sobre o Congresso foi a principal responsável pela aprovação do processo de *impeachment*.

O governo Itamar e o Plano Real

O vice-presidente Itamar Franco assumiu no lugar de Collor. Era um político de passado nacionalista, começara a carreira no antigo PTB nos anos de 1950. Após o golpe de 1964 integrou-se ao MDB, foi prefeito de Juiz de Fora e depois eleito duas vezes senador. Sua aproximação da campanha de Collor foi conjuntural, numa jogada que interessava à carreira política de ambos. Collor em busca de votos na populosa Minas Gerais, Itamar procurando alternativa num momento em que seu futuro político parecia ameaçado. Collor via Itamar como anacrônico, por isso ele cumpriu papel decorativo em seu governo.

Os empresários e outros neoliberais que estavam no poder com Collor temeram que Itamar gerasse um retrocesso, colocando-se contra as políticas de privatização em curso e os acordos com o Fundo Monetário Internacional (FMI). Apesar de certo jogo de cena populista — como o apoio à volta da fabricação do Fusca, famoso carro popular —, Itamar adequou-se à inserção do Brasil na nova ordem mundial do "Consenso de Washington", em plena onda neoliberal que varreu a América Latina.

"Consenso de Washington" foi o nome dado ao conjunto de medidas formuladas naquela cidade por economistas neoliberais ligados ao FMI, ao Banco Mundial e ao Departamento do Tesouro norte-americano, e que em 1990 viria a tornar-se a política econômica oficial do FMI, indicada aos países em de-

Durante o governo de Itamar Franco foi lançado o Plano Real.

senvolvimento que enfrentavam dificuldades. As medidas envolviam privatização de empresas estatais, redução de gastos públicos, abertura comercial para importações, apoio a investimento estrangeiro, abrandamento e flexibilização de leis trabalhistas e econômicas, juros e câmbio de mercado, disciplina fiscal, entre outras. Apontava-se o livre jogo do mercado como caminho para sair de crises e construir o futuro da humanidade. Tratava-se de recuperar velhas teses do liberalismo econômico, atualizadas para o fim do século XX, daí seus adeptos terem ficado conhecidos como neoliberais.

Desde o governo Collor, o Brasil passara a acatar as recomendações do "Consenso de Washington", encarado como receita ideal para resolver os problemas econômicos de toda a América Latina. Itamar seguiu a trilha econômica do antecessor, mas tratou de mudar o aspecto mais frágil do governo Collor: a base de sustentação política. Buscou apoio em vários partidos, como PMDB, PFL, PSDB e outros que integraram seu ministério. Cortejou até o PT, mas sem sucesso: o partido chegou a suspender a ex-prefeita de São Paulo, Luiza Erundina, por aceitar o convite para ocupar a Secretaria da Administração em 1993. Itamar também levou ao governo seus amigos mineiros, que compunham o que a imprensa chamou pejorativamente de "República do pão de queijo", que teria sucedido a "República das Alagoas" dos protegidos regionais de Collor.

A cartada de sucesso do governo Itamar foi o Plano Real. A economia vinha enfrentando altos índices de inflação desde os anos de 1980, que se mantiveram mesmo após sucessivos planos econômicos que fracassaram, como o Plano Cruzado, o Plano Bresser e o Plano Collor. O Ministério da Fazenda passou a ser ocupado desde maio de 1993 pelo senador do PSDB Fernando Henrique Cardoso, que deixou o Ministério das Relações Exteriores para assumir a condução da economia. A gravidade da crise podia ser medida pela troca constante de ministros da Fazenda. O sociólogo Fernando Henrique montou uma equipe de economistas, composta em parte por integrantes de planos anteriores que aprenderam com o insucesso, como André Lara Resende e Pérsio Arida. Formulou-se um novo plano anti-inflacionário, implantado a partir de fevereiro de 1994.

O Plano Real obteve sucesso e conseguiu controlar a inflação. Envolveu medidas como a busca de equilíbrio nas contas públicas, aumentando receitas e reduzindo despesas, além do lançamento programado de uma nova moeda, o real, a partir da criação da Unidade Real de Valor (URV), uma referência para preservar o poder de compra, particularmente dos salários. De início, ficou estabelecida a paridade entre o real e o dólar americano.

No aspecto político, o plano encontrou oposição principalmente no PT, quer porque suas medidas em parte integravam um receituário neoliberal, quer porque naquele ano haveria eleições, nas quais Lula era o favorito segundo as pesquisas. Tal situação poderia ser ameaçada pelo êxito imediato do plano, que favoreceria o candidato da situação, Fernando Henrique. Daí o plano ter sido acusado de eleitoreiro pelos petistas.

A alta inflacionária prejudicava sobretudo os assalariados, que viam seu poder de compra corroer-se rapidamente. Ao detectar a estabilização dos preços, a maioria dos eleitores voltou-se para o candidato do PSDB, que rapidamente se tornou favorito, segundo as pesquisas. Não foi prejudicado sequer pela divulgação do filme de uma conversa privada em que o novo ministro da Fazenda, Rubens Ricupero, admitia não ter escrúpulo de esconder notícias ruins sobre a inflação e divulgar apenas os dados favoráveis. Ricupero foi imediatamente exonerado por Itamar.

Fernando Henrique elegeu-se já no primeiro turno, em outubro de 1994, com 34.364.961 votos, correspondentes a 54,27% do total. O candidato da coligação PSDB, PFL, PTB ganhou em todos os estados, com exceção do Rio Grande do Sul. O segundo colocado foi Lula, com 27,04%, apoiado pela frente de esquerda de PT, PSB, PCdoB, PPS, PSTU e PV (Partido Verde). A surpresa nessa eleição foi o desempenho do candidato Enéas Carneiro, do desconhecido Partido de Reedificação da Ordem Nacional (Prona; em outubro de 2006, o PRONA viria a fundir-se com o PL, criando o Partido da República, PR). O carismático Enéas obteve expressivos 7,38% dos votos, com um discurso patriótico autoritário. Ficou na frente do candidato Quércia e seus pífios 4,38% de votos, apesar da força de seu PMDB. Mais decepcionantes ainda foram os desempenhos do PDT de Brizola (3,18%), e do Partido Progressista Renovador (PPR) de Esperidião Amin (2,75%), herdeiro do PDS e da antiga Arena. Essa campanha marcou uma virada no destino do PSDB.

A era FHC

Originariamente de inspiração social democrata, os rumos do PSDB mudariam rapidamente. A guinada à direita ficaria politicamente mais visível a partir da aliança com o PFL, que indicou Marco Maciel para ser candidato à vice-presidência na chapa de Fernando Henrique Cardoso (FHC). Formava-se uma frente

Fernando Henrique Cardoso colocou em prática o discurso liberal de privatização e modernização do Estado.

de centro-direita para dar sustentação política ao governo. Após a eleição, os antigos adversários PMDB e PFL juntaram esforços ao PSDB e a partidos menores para apoiar FHC.

Empolgado com o êxito do real, o novo presidente implementou medidas afinadas com o consenso de Washington, notadamente privatizações de empresas estatais. Também tratou de contemplar congressistas com cargos e concessões para obter os votos necessários para garantir a aprovação da proposta de emenda constitucional que permitiria a reeleição dos chefes do poder Executivo: prefeitos, governadores e o próprio presidente da República. A proposta foi aprovada em meados de 1997. Deputados foram acusados de vender seus votos para garantir a possibilidade de reeleição. As provas contra alguns deles eram contundentes, por isso acabaram renunciando ao mandato para não correr o risco de ser cassados.

A economia seguia em avanço lento e era afetada por sucessivas crises no mercado mundial, que já atestavam os limites do neoliberalismo, tais como a crise mexicana de 1995 e a asiática em 1997-1998. Mas a estabilidade da moeda e o controle inflacionário davam crédito a Fernando Henrique junto à maioria da população, que o reelegeu para outro mandato em 1998, novamente no primeiro turno, com 35.936.540 votos (53,06% dos válidos). Foi decisivo o apoio dos partidos claramente de direita, como o PFL e o PPB (Partido Progressista Brasileiro), além do PTB. A esquerda tentou uma novidade, com a união de PT e PDT na figura de seus líderes carismáticos, Lula e Brizola, respectivamente candidatos a presidente e vice, com apoio ainda de PSB, PCB e PCdoB. Inútil, a chapa chegou a insuficientes 31,71%, venceu apenas no Rio de Janeiro e no Rio Grande do Sul. Também teve sufrágio significativo o candidato Ciro Gomes, do PPS, com 10,97%, ganhador no Ceará, seu estado natal. Enéas do PRONA ficou com 2,14%, decepcionantes diante de seu desempenho na eleição anterior. Concorreram ainda outros oito candidatos, que não chegaram sequer a 0,5% dos votos cada um.

Por um momento, a ideologia neoliberal ganhou popularidade no Brasil, havia sempre quem apontasse a privatização para solucionar todos os males. FHC tinha a ambição de encerrar de uma vez por todas a chamada era Vargas, como ficou conhecida a política governamental iniciada por Getúlio Vargas e depois retomada por vários presidentes, caracterizada pela aposta no desenvolvimento nacional, com base na intervenção do Estado. O processo de privatização só não foi mais longe devido à resistência de setores da sociedade que tinham tradição de luta nacional-estatista, gerada justamente na era Vargas.

O discurso liberal de privatização visaria sobretudo algumas empresas governamentais que seriam ou poderiam vir a tornar-se rentáveis, até porque se sabia que elas seriam vendidas a preços convidativos, num processo que seus críticos chamariam de "privataria", juntando os termos privatização e pirataria. A ideologia desestatizante buscaria cortar os gastos públicos que realmente revertessem para o conjunto do público, nas áreas de saúde, educação, habitação e outras. Os empresários e seus ideólogos tenderiam a calar-se sobre subsídios governamentais a atividades privadas. Na prática, saberiam que a chave para o entendimento do capitalismo contemporâneo estaria na aplicação dos recursos do Estado, fundamentais para financiar o processo de acumulação privada. Por isso, eles criariam seus *lobbies*, buscariam estar representados não só no Congresso, mas principalmente em organismos governamentais decisivos para a aplicação desses recursos, tal como o Banco Nacional de Desenvolvimento Econômico e Social (BNDES).

Nesse meio-tempo, as crises continuavam a rondar: a russa veio em 1998-1999 e a Argentina chegou em 2001, mesmo ano do atentado de 11 de setembro ao World Trade Center em Nova Iorque. Em novembro de 1998, o governo tivera de recorrer a empréstimo junto ao FMI. A economia estava à mercê de ataques especulativos de investidores internacionais, temerosos de perder suas aplicações. O real acabou desvalorizado diante do dólar, adotou-se a livre flutuação do câmbio, como determinava a cartilha neoliberal. Armínio Fraga foi nomeado para dirigir o Banco Central, onde conseguiu evitar uma crise maior, em parte devido à experiência acumulada quando trabalhava para George Soros, conhecido especulador no mercado financeiro internacional, de origem húngara.

A venda de empresas estatais rendeu aos cofres públicos cerca de 90 bilhões de dólares nos mandatos de FHC. Número astronômico à primeira vista, mesmo que várias empresas tenham sido subavaliadas para venda — como no caso polêmico da Companhia Vale do Rio Doce. Sucede que quase todo esse montante foi gasto para sustentar a política governamental de manter em alta a cotação do real e os juros elevados. O governo alegava que as privatizações permitiram a melhora de serviços como os de telefonia, a oposição retrucava que os preços subiram muito para o consumidor.

Às vésperas da eleição de 2002, a dívida pública chegou a inéditos 64% do PIB, ou seja, mais da metade de tudo que foi produzido no país naquele ano. A estabilidade do real já não escondia os problemas econômicos e sociais. E não só no Brasil. O desastre social proporcionado pelo neoliberalismo — com seus cortes nos gastos e investimentos públicos, acompanhados de políticas geradoras de desemprego — criou as condições para que fossem eleitos governos dos mais variados matizes de esquerda na América Latina, a partir do fim dos anos de 1990, como Venezuela, Argentina, Chile, Equador, Bolívia, Paraguai, Uruguai e, claro, o Brasil.

Lula finalmente teria oportunidade de ser presidente, após as derrotas de 1989, 1994 e 1998. Venceu a eleição de 2002 no segundo turno contra o candidato do governo, José Serra, um destacado tucano, como ficaram conhecidos os integrantes do PSDB. No primeiro turno, Lula teve 39.455.233 votos (46,44%), que somados aos dos demais candidatos de oposição significavam ampla maioria de descontentes com o governo FHC. Anthony Garotinho, do PSB, chegou a 17,86% dos votos, e Ciro Gomes do PPS a 11,97%. Isso já prenunciava um segundo turno tranquilo para Lula, que só perdeu para Serra em Alagoas, chegando a 61,27% dos votos, ou 52.793.364.

Nas hostes da situação, a campanha fora agitada, pois houve acusações a Serra de ter implodido a forte candidatura de Roseana Sarney, então governadora do Maranhão pelo PFL, cuja campanha foi abortada devido à descoberta pela Polícia Federal de um esquema de corrupção que envolvia negócios de seu marido com o governo do estado. Feitas as pazes, o PFL apoiou Serra, mas a família Sarney distanciou-se e logo passaria a dar suporte ao governo Lula.

A exemplo do que ocorrera com o PSDB na eleição de 1994, agora era a vez do PT fazer uma guinada à direita para chegar ao governo. Desta vez, além dos apoios tradicionais à esquerda, como os do PCdoB e do PCB, recorreu-se a alianças com conservadores, que ficaram simbolizadas na escolha para a candidatura a vice-presidente do empresário e político mineiro José Alencar, do PL. O Partido da Mobilização Nacional (PMN) também estava na coligação. A costura política envolveu apoios de grupos do PMDB, do PTB e até do PP, herdeiro da antiga Arena.

Ademais, antes da eleição, Lula divulgou a chamada "Carta aos Brasileiros", na qual se comprometia a não fazer alterações de fundo na política econômica, a fim de não gerar turbulências. O pânico era fomentado por investidores, jornalistas e economistas neoliberais que alardeavam o perigo de falência do país com eventual vitória do PT.

A era Lula

Em 2010, Lula terminou seu segundo mandato presidencial com um recorde absoluto de popularidade, mais de 80% dos brasileiros aprovavam seu governo, segundo diversos institutos de pesquisa. Para efeito comparativo, eis alguns números do Datafolha sobre a avaliação de presidentes ao deixar o governo. Itamar Franco saiu com 41% de ótimo e bom, FHC com 26% e Lula com 83%. Ele também gozava de prestígio no exterior, por exemplo, foi escolhido como homem do ano de 2009 pelo respeitado jornal francês, *Le monde*. Os oito anos de governo Lula, entretanto, não foram um mar de rosas.

Ao assumir seu primeiro mandato em 2003, como anunciara na campanha, Lula deu continuidade à política econômica do governo anterior, contra a qual havia lutado quando estava na oposição. Tratou de tranquilizar os agentes do mercado, ao nomear para a chefia do Banco Central Henrique Meirelles, empresário e político identificado com os tucanos, confiável para os capitalistas. A pasta da Fazenda coube ao petista moderado Antônio Palocci, que fora prefeito de Ribeirão Preto e tinha boa aceitação no meio empresarial. A justificativa imediata de Lula para a mudança em relação a posições assumidas anteriormente foi evitar uma crise que se anunciava, em parte causada pela ação de especuladores que se aproveitavam da incerteza sobre o futuro. Por exemplo, a cotação do dólar foi muito aumentada

Lula governou após FHC, seguindo em linhas gerais a política econômica do antecessor, mas conteve a privatização de empresas públicas e enfatizou políticas sociais.

pela ação dos especuladores durante o processo eleitoral, mas logo voltaria ao normal.

Inserido numa organização da economia mundial que dificultaria implementar e até formular alternativas ao neoliberalismo, e sem um projeto claro para substituir a política econômica do governo anterior, o primeiro governo Lula optou por dar continuidade a ela, que privilegiava o capital financeiro, mas não deixava de articular a seu modo os interesses de todas as classes. Tanto que, bem ou mal, a sociedade brasileira vinha funcionando havia anos com base nessa política econômica que implicava, em nome do controle inflacionário, baixas taxas de crescimento econômico, juros altos, valorização cambial, relativa autonomia do Banco Central, alta aplicação de recursos para pagar a dívida externa etc.

Afinada com essas diretrizes, uma outra medida foi tomada logo depois da posse: a reforma previdenciária no setor público. Apesar de ter sido considerada muito moderada por seus críticos, foi suficiente para desagradar às fortes bases do PT no funcionalismo. Os parlamentares petistas que insistiram em votar contra a reforma acabaram se afastando do partido e ajudaram a fundar o PSOL (Partido Socialismo e Liberdade), em junho de 2004. Seria a principal oposição de esquerda ao governo, embora contando com escasso número de congressistas, entre os quais a senadora alagoana Heloísa Helena. Ela viria a ser candidata derrotada nas eleições presidenciais de 2006, quando chegou a ter quase 7% dos votos, ficando em terceiro lugar.

Lula não correspondeu às expectativas dos setores do PT e das esquerdas em geral que esperavam dele o desenvolvimento de uma hegemonia alternativa, isto é, um novo modo de pensar e agir ancorado na organização das classes trabalhadoras. Ele deixou de lado qualquer projeto socialista, até mesmo social-democrático. Incorporou-se à ordem capitalista estabelecida, tão difusa e consolidada que se tornaria difícil pensar numa alternativa a ela. No governo Lula em particular, na sociedade brasileira em geral, e também no mundo todo, tenderia a predominar certo senso comum, segundo o qual a sociabilidade capitalista seria eterna.

Se o governo Lula ficou distante das utopias socialistas originárias do PT, nem por isso perdeu a sensibilidade social. Procurou melhorar as condições de vida dos mais pobres e incorporar as massas urbanas e rurais ao mercado, dando resposta ao desejo de realização e reconhecimento dos de baixo, ainda que dentro de uma ordem desigual. Logo depois da posse, foi lançado o programa Fome Zero, mas os principais resultados na área social viriam posteriormente.

Lula e seus aliados parecem ter assumido o governo sem muita clareza do que fazer, a não ser seguir uma linha pragmática, de ir resolvendo os problemas na medida em que apareciam, adotando saídas dentro da ordem que pudessem agradar o maior número possível de pessoas, grupos e classes sociais, tentando harmonizar as enormes diferenças da sociedade brasileira, sem tocar em suas estruturas, assegurando a governabilidade. Aqui houve ao menos uma novidade de grande potencial eleitoral: o governo tratou de incorporar, a seu modo, os despossuídos na pauta política institucional, buscando integrá-los melhor. Desse pragmatismo parece ter surgido, ao longo do tempo, um projeto que se firmaria no segundo mandato: a consecução de um pacto social não explícito, ancorado no desenvolvimento nacional.

O caráter conciliador do governo logo atraiu apoios partidários no Congresso. Parece ter prevalecido a velha política de conceder favores e cargos em troca de apoio parlamentar. Não tardariam a aparecer escândalos de corrupção. Ainda mais grave que o "caixa 2" de financiamento ilegal de campanhas políticas — a que o PT parece ter recorrido, a exemplo dos demais partidos que sempre criticara — foi a acusação de compra sistemática de apoio de parlamentares, corrompendo o Congresso como instituição, no episódio que ficou conhecido como "mensalão". O então deputado federal Roberto Jefferson denunciou o suposto esquema, que daria uma mesada aos parlamentares dóceis ao governo. Ex-aliado de Lula e dirigente do PTB, ele acabaria cassado pelo Congresso em setembro de 2005. Em dezembro foi a vez do petista José Dirceu, chefe da Casa Civil e figura mais proeminente no governo depois de Lula.

O episódio gerou enorme crise no governo e no PT. O governo Lula chegou a seus piores índices nas pesquisas de opinião: em outubro de 2005, 29% dos brasileiros consideravam-no "bom ou ótimo", e outros 28% "ruim ou péssimo", segundo o Datafolha. Muitos políticos destacados perderam espaço no partido e na administração.

A oposição não se mobilizou para abrir processo de *impeachment* contra Lula, talvez por temer que ele recorresse à mobilização popular em defesa de seu mandato, talvez porque os desdobramentos das investigações tivessem apontado que o mensalão teria sido inspirado em práticas do ex-governador tucano de Minas Gerais, Eduardo Azeredo. Parecia que Lula estava acuado: ou se veria forçado à renúncia ou ficaria tão enfraquecido politicamente que perderia a eleição prevista para outubro de 2006.

Adversário interno de José Dirceu no PT, o ministro da Fazenda Antônio Palocci poderia ter sido o beneficiário da crise, mas logo se envolveu num outro escândalo: a quebra ilegal do sigilo bancário do caseiro Francenildo Costa. Foi uma tentativa frustrada de desacreditar o testemunho do caseiro, acusado falsamente de receber propina para denunciar o ministro. Ele relatara a existência de certa mansão em Brasília, onde supostamente Palocci e assessores manteriam encontros clandestinos com mulheres e onde receberiam também lobistas para tratar secretamente de negócios envolvendo o governo. Palocci caiu em março de 2006, sendo nomeado em seu lugar Guido Mantega, defensor de uma linha econômica desenvolvimentista, distanciada daquela defendida por Palocci. Abria-se uma saída para Lula, que se agarrou politicamente naquilo que poderia diferenciar seu governo do anterior, a retomada do crescimento, tônica do segundo mandato.

Ao final do primeiro governo de Lula, constatava-se que a política econômica mais abrangente seguia a mesma no fundamental, mas houve estancamento das privatizações e abriram-se ao menos dois outros veios de distinção do governo FHC: 1) os mecanismos compensatórios de assistência social foram ampliados significativamente; 2) apareceram alternativas de organização econômica, ainda que marginais.

O primeiro aspecto distintivo foi o mais notório, particularmente com o programa Bolsa Família, que unificou e ampliou uma série de ações assistenciais já existentes (bolsa-alimentação, bolsa-escola, auxílio-gás etc), concentrando recursos e esforços que atingiam — já no fim do primeiro mandato de Lula — 11 milhões de famílias com filhos até dezesseis anos de idade. Elas recebiam uma ajuda pequena em dinheiro, mas que contribuía para movimentar a economia nos lugares mais pobres, e ainda para garantir a alimentação e a frequência à escola, pois só as famílias com filhos matriculados podiam receber a bolsa, que implicava ainda a exigência de vacinação em dia e acompanhamento médico das crianças.

Outra iniciativa assistencial foram as "farmácias populares", com a venda de remédios a preços menores. Já o programa de ampliação da rede elétrica atingiria setores populacionais pauperizados que ainda não tinham acesso à luz elétrica. Foram várias iniciativas, muitas das quais implementadas por governos anteriores, em pequena escala, mas que ganharam vulto na administração de Lula. Os críticos apontariam para o caráter assistencialista dessas medidas, que por si sós não romperiam com a condição de pobreza. Ademais, elas permitiriam a manutenção do clientelismo político. Independentemente da análise de seu significado, elas melhoraram a condição imediata de vida de milhões de pessoas que tenderam a votar naquele que seria identificado com as melhorias: Lula.

O segundo aspecto de distinção em relação ao governo anterior expressava-se em iniciativas marginais, mas significativas e polêmicas, cujos exemplos mais visíveis foram a economia solidária e a política de microcrédito e banco popular. Um velho militante socialista, o economista e professor Paul Singer comandaria a Secretaria Nacional de Economia Solidária, ligada ao Ministério do Trabalho. Ele criticava a dependência de seu partido, o PT, de altas somas de dinheiro para viabilizar-se eleitoralmente — o que teria aberto a brecha para a corrupção —, e também a política econômica do governo, que estaria à mercê do capital financeiro. Entretanto, apoiou com ênfase a reeleição de Lula. Reivindicava, em paralelo com a continuidade dos avanços sociais, a mudança de rumo da economia, no sentido de controlar a movimentação de capitais, com incentivo ao crescimento econômico. Apostava no apoio governamental à micro e pequena empresa e ainda no avanço de uma "economia solidária" de pequenos empreendimentos populares no campo e na cidade, que envolveriam procedimentos de autogestão, inclusive com a encampação pelos trabalhadores de empresas à beira da falência. A ênfase da segunda gestão de Lula, contudo, seria outra.

O retorno do desenvolvimentismo

Na eleição de 2006, apesar de todas as denúncias de corrupção veiculadas insistentemente pela imprensa, Lula foi reeleito presidente, ao derrotar no segundo turno o ex-governador de São Paulo Geraldo Alckmin, candidato do PSDB. Obteve 60,83% dos votos válidos, chegando a 58.295.042, cerca de doze milhões a mais do que obtivera no primeiro turno, enquanto a votação de seu adversário encolheu em mais de dois milhões de um turno para outro, mas mesmo assim chegou a 37.543.178. No primeiro turno, Lula obtivera 48,61% dos votos, contra 41,64% de Alckmin. Muitos interpretaram esses dados como uma espécie de puxão de orelhas dado em Lula por uma parte da população que, entretanto, votaria nele no segundo turno.

O candidato do PT viu Alckmin triunfar em estados mais ricos e desenvolvidos, como São Paulo, Paraná, Santa Catarina e Rio Grande do Sul. O eleitorado de Lula passava a ser predominantemente composto pelos mais pobres, beneficiados pelos programas sociais nas regiões menos desenvolvidas, como Norte e Nordeste. Mas a chapa Lula-Alencar venceria também nos tradicionais estados de Minas Gerais e Rio de Janeiro. Lula não hesitou em recorrer a todo tipo de apoio, até mesmo o do PRB (Partido Republicano Brasileiro), ligado à polêmica Igreja Universal do Reino de Deus.

É sabido que a maioria do povo está secularmente submetida aos modos de ser, agir e pensar das classes dominantes, encarando a ordem social, política e econômica vigente como algo inevitável e natural, embora não necessariamente vista como adequada e justa. Uma vez que essa ordem é a única que a população vivencia e conhece, é compreensível que algumas mudanças que impliquem a melhora de sua vida cotidiana, ainda que sem tocar nas estruturas da sociedade, tendam a dar enorme popularidade aos políticos identificados com sua implementação, caso de Lula.

Nas eleições para o Congresso em 2006, o PMDB saía fortalecido, com 89 cadeiras na Câmara dos deputados. Em seguida vinha o PT com 83 (uma surpresa, dada a crise do mensalão), depois os partidos de oposição, PSDB e PFL, com 65 deputados cada um. O PP elegeu 42 deputados; o PSB, 27; o PDT, 24; o PL, 23; o PTB, 22; o PPS, 21; o PV, 13 (mesmo número de deputados do PCdoB); o PSC (Partido Social Cristão), 9; além de mais 15 de outras agremiações. Lula buscaria aliar-se com o PMDB e partidos menores de todo tipo, a fim de assegurar a governabilidade que estivera ameaçada na conjuntura do mensalão.

No segundo mandato, o presidente apostou com sucesso na retomada do desenvolvimento econômico, mantendo o controle inflacionário e incentivando a exportação, com o fortalecimento de empresas estatais como a Petrobras, e de grandes empresas privadas nacionais, caso da Vale do Rio Doce. Em 2007, lançou o Programa de Aceleração do Crescimento (PAC), aumentando o investimento público e estimulando o investimento privado. Paralelamente, deu seguimento a políticas de inclusão social, como o aumento gradual do salário mínimo, a expansão do emprego e do crédito popular, a concessão da Bolsa Família e outras medidas. Cercou-se de uma sólida coalizão de doze partidos no Congresso, de todos os matizes ideológicos, do PP à direita até o PCdoB à esquerda. Aproximou-se particularmente do PMDB e de sua numerosa bancada.

Nesse governo, ganharia vulto a figura da ministra da Casa Civil, Dilma Rousseff. Ela fora guerrilheira no fim da década de 1960 e presa política de 1970 a 1972. Depois exerceu cargos na administração pública municipal e estadual em governos do PDT no Rio Grande do Sul, nos anos de 1980 e 1990. Mais tarde filiou-se ao PT; foi ministra das Minas e Energia de Lula até 2005, quando passou a ocupar o cargo até então de José Dirceu, após a crise do "mensalão". Lula decidiu prepará-la para ser candidata a sua sucessão, anunciando-a como a "mãe do PAC" e principal responsável pela política desenvolvimentista que marcaria seu segundo governo.

Na época, já ficavam evidentes os limites do neoliberalismo em âmbito nacional e internacional. Abria-se espaço para novas elaborações da presença do Estado no planejamento da economia. As dificuldades do mercado, bem como a ausência de alternativas socialistas após a derrocada no Leste Europeu, trouxeram de novo propostas diferenciadas de atuação estatal para a retomada do desenvolvimento nos marcos do capitalismo. No caso brasileiro, a experiência acumulada nessa área era a do desenvolvimentismo dos anos de 1950 e começo de 1960. Isto é, o projeto de industrializar o país para superar o subdesenvolvimento, com o planejamento e a ação decisiva do Estado. O projeto original de um capitalismo democrático de massas fora abortado com o golpe de 1964.

Então, o desenvolvimentismo parecia ter sido sepultado como política de esquerda pelo menos a partir do fim da década de 1960. A experiência da ditadura demonstrara que era possível desenvolver a economia sem redistribuição de renda e sem democracia. Ademais, após o golpe de 1964, as (auto)críticas ao desenvolvimentismo seriam duras. Perguntava-se especialmente a que agentes e classes sociais o desenvolvimento beneficiaria. Todavia, com os impasses das esquerdas, tendo de enfrentar os desafios impostos tanto pela derrocada do socialismo real como pelo avanço e posterior crise do neoliberalismo, uma saída possível seria um certo retorno ao desenvolvimentismo.

Ora, se já não se colocava na ordem do dia a questão do socialismo, se não havia clareza sobre o caminho a tomar pelas esquerdas com o esvaziamento da possibilidade imediata de organizar um outro tipo de sociedade, se a convivência com o capitalismo estava posta no horizonte que se permitia ver, e sem a formulação de políticas criativas à esquerda, era de se esperar que os caminhos do futuro pudessem ser buscados nas gavetas esquecidas do passado, embora enquadrados nos marcos da nova ordem mundial capitalista.

O principal aspecto da crítica de esquerda ao desenvolvimentismo dos anos de 1950 e 1960 foi o de que ele encobriria as contradições de classe, impedindo assim que se constituísse uma classe trabalhadora autônoma e consciente de seus interesses, que acabariam diluídos na proposta de desenvolvimento nacional. Ora, o fim do chamado socialismo real no Leste Europeu, a reestruturação produtiva, a mudança na organização do trabalho, os altos níveis de desemprego, certa reconstituição e reinvenção das formas de submissão do trabalho ao capital, que alguns chamariam de crise da sociedade do trabalho, acompanhada da consolidação institucional da democracia e da crescente dificuldade de organização das classes trabalhadoras, tudo isso tenderia a deixar em segundo plano a questão da emancipação de classe e da possibilidade de socialismo, pelo menos de imediato. Assim, considerando também os impasses em que o neoliberalismo colocou a economia mundial, seria compreensível que o pensamento e a ação política de esquerda retomassem o tema do desenvolvimento, fortemente vinculado ao planejamento e à iniciativa econômica estatal. Foi o que o segundo governo Lula fez, secundado por sua sucessora.

Mas ficariam no ar não só as respostas às críticas clássicas ao desenvolvimentismo, mas também às novas questões ecológicas, no sentido da sustentabilidade ambiental do desenvolvimento.

O enigma dos anos Lula

Como interpretar a passagem de Lula pelo governo? Uma possibilidade seria recorrer aos clássicos da sociologia. À luz do pensamento de Weber, seria possível pensar o fenômeno do "lulismo", isto é, dos seguidores do presidente em virtude de seu carisma e liderança. Com sua atuação pessoal e a implementação de programas sociais contra a pobreza, teria mudado a principal base social de eleitores de Lula. Eles passariam a ser os mais pobres e pouco politizados. Lula teria estabelecido uma liderança pessoal, falaria com os segmentos de baixíssima renda sem a intermediação de partidos, com base sobretudo no seu carisma.

Lula teria o carisma potencializado pela capacidade de comunicação com o público por intermédio da linguagem espetacular da mídia, fosse em sua propaganda política no horário eleitoral na televisão, fosse em suas aparições em programas regulares, que ajudaram a construir a imagem do homem que veio de baixo e conseguiu chegar ao posto mais alto da República, exemplo para milhares de brasileiros, uma vez superado o antigo radicalismo.

Outra possibilidade interpretativa seria recorrer ao pensamento de Marx. Alguns adeptos marxistas do governo Lula justificaram seu apoio ao governo pelo seu caráter progressista, de avanços sociais que envolveriam uma aliança entre as classes trabalhadoras, os despossuídos em geral e a própria burguesia, num projeto que coroaria pacificamente uma revolução nacional e democrática. O discurso lembraria implicitamente as posições do PCB no começo dos anos de 1960, ao realçar a importância de retomar o desenvolvimento, o papel do Estado e do empresariado nacional nessa retomada, sem esquecer a continuidade da busca de direitos sociais, bem como a defesa do povo brasileiro e de sua cultura, além da afirmação de uma política externa independente. Enfim haveria condições, antes não existentes, para que se desse o desenvolvimento nacional pluriclassista, isto é, embasado em várias classes.

Já os marxistas críticos do governo apontariam que esse tipo de discurso ocultaria o caráter de classe desse desenvolvimento. Para eles, as melhorias pontuais na condição de vida dos mais pobres não deveriam esconder que os capitalistas seriam os maiores beneficiários da retomada do desenvolvimento. Ademais, a gestão de Lula teria despolitizado a questão da desigualdade e da pobreza, que teria passado a ser vista não mais como algo a envolver a organização autônoma dos de baixo, exigindo mudanças, mas um mero problema administrativo a ser resolvido com políticas governamentais assistencialistas. Sem contar que estaria representado no governo um novo setor social: os sindicalistas com sólidos interesses nos fundos de pensão, portanto aliados à manutenção da ordem estabelecida.

Talvez a lógica a orientar os rumos dos governos de Lula tenha obedecido aos velhos preceitos positivistas, de conciliação nacional e reafirmação da ordem estabelecida para assegurar o progresso, o desenvolvimento do país como um todo. Diante das inúmeras dificuldades e possibilidades que se apresentaram, Lula sempre optou por políticas que tenderiam a encontrar menor resistência, buscando conciliar interesses diferentes. Foi o que se revelou na composição do ministério tanto no primeiro como no segundo mandato, buscando agradar a gregos e troianos.

Por exemplo, o Ministério do Desenvolvimento Agrário foi para as mãos de trotskistas, simpáticos à reforma agrária e ao MST, que apoiou criticamente o governo e dele recebeu recursos. Já o Ministério da Agricultura — muito mais expressivo do ponto de vista econômico — foi entregue a representantes do agronegócio, comprometidos com a estrutura latifundiária do país. Ou seja, no fundamental, preservou-se a estrutura agrária, atendendo aos interesses dos grandes proprietários de terra. Mas abriu-se um canal de expressão institucional mais significativo para os dominados, o que envolveria uma mudança em relação a governos anteriores.

Algo parecido aconteceu em relação ao meio ambiente: a respeitada militante Marina Silva foi nomeada ministra em 2003, o que não impediu o governo de tomar medidas criticadas pelos ambientalistas, como a conivência com os transgênicos. Em 2008, Marina cansou de lutar dentro do governo, rompeu com ele e com o PT. Filiou-se ao Partido Verde para candidatar-se às eleições presidenciais.

Esse tipo de política de compor os interesses mais contraditórios também se verificou em quase todas as áreas de governo. Por exemplo, o Ministério da Cultura de um lado seguiu com as leis de incentivo aos interesses estabelecidos da indústria cultural, mas de outro promoveu iniciativas como os "pontos de cultura", investindo em manifestações culturais populares, ligadas à experiência vivida em comunidades alternativas à lógica da produção de cultura como mercadoria. Assim, o governo angariou apoio na área cultural, tanto na cúpula como nas bases da sociedade.

Outro exemplo: o Ministério da Educação regulamentou a isenção fiscal de que gozavam muitas faculdades e universidades particulares, que concediam bolsas de estudo integrais ou parciais a alunos que elas mesmas escolhiam. Não retirou a isenção, como desejariam setores mais críticos, que exigiam ainda um questionamento a fundo de certas instituições de nível acadêmico duvidoso, interessadas sobretudo em ganhar dinheiro com uma educação "superior" de baixo nível. Ao invés, o governo condicionou a isenção fiscal à concessão de bolsas de estudo integrais a alunos pobres, especialmente os negros. O Ministério da Educação tomou ainda iniciativas moderadas para exigir excelência dessas escolas, apoiou a ampliação da rede universitária pública, mas conformou-se com a estrutura estabelecida no ensino superior, privada na maioria — embora qualitativamente as escolas públicas continuassem muito mais importantes. Ou seja, sem romper com ela, fez-se uma adequação da enorme privatização do ensino superior promovida pelo governo FHC.

Os críticos diriam que o governo Lula financiou e compactuou com o sistema de ensino privatizante e de baixa qualidade, que venderia ilusões de ascensão social. Contudo, por outro lado, a política do ministério abriu as portas da universidade a milhares de jovens das camadas populares, especialmente as não brancas. Mais uma vez, o governo buscou agradar a todos com mudanças pontuais, sem mexer nas estruturas, cativando tanto os donos das escolas como os alunos pobres e suas famílias que, frequentemente, pela primeira vez em gerações, conseguiam ter um membro na universidade.

Quanto à política externa, o governo Lula não deixou de seguir afinado com a ordem internacional estabelecida sob hegemonia norte-americana, do que deu exemplo a presença de tropas brasileiras no Haiti. Mas esboçou uma frente "sul-sul", tentando implementar alternativas de comércio e relações internacionais entre os países emergentes como Índia, China e África do Sul. Também teve atuação ponderada durante a crise do gás com a Bolívia em 2006, sem cair no nacionalismo beligerante que era cobrado pela imprensa e por setores das classes dominantes. Esboçou-se uma política externa alternativa, que inviabilizou o projeto neoliberal da Área de Livre Comércio das Américas (Alca) e incentivou os processos de integração regional como o Mercado Comum do Sul (Mercosul) e a Comunidade Sul-Americana de Nações, contrariando a política externa dos Estados Unidos.

Outro aspecto a ser considerado é que na era Lula houve certa renovação na composição das elites dirigentes, ainda que mantidas as mesmas estruturas sociais. Uma série de sindicalistas, membros de movimentos sociais e integrantes de partidos de esquerda passaram a ocupar postos no aparelho de Estado e, muitas vezes, a ascender socialmente dentro da ordem. A renovação dos quadros dirigentes gerou certa revolta entre aqueles que foram afastados de cargos de direção. Lula e o PT foram acusados de "aparelhar" os órgãos públicos. Cabe indagar se simplesmente não deram sequência a uma prática tradicional na política brasileira, de nomear aliados políticos para empregos públicos, que passaram a contar com caras novas — além das velhas, afinal o governo continuou tendo apoio de políticos conservadores.

Na imprensa, sobretudo na televisão, parece ter prevalecido o tom contrário ao governo e à reeleição de Lula — e, mais tarde, de oposição a Dilma na sucessão de 2010. Porém, prosseguiu a cobertura jornalística ampla das realizações e do cotidiano do presidente que, afinal de contas, foi fundamental para a aprovação do sistema de televisão digital adotado no Brasil, o japonês, conforme reivindicavam as redes de televisão. O ministro das Comunicações entre 2005 e 2010, um político conservador do PMDB, fora um dos principais repórteres da rede Globo.

Aqui se expressava novamente a ambiguidade do governo em sua política de harmonização do contraditório: mantinha no essencial a estrutura estabelecida, mas tomava iniciativas paralelas que podiam ir em outra direção. Por exemplo, na reorganização do ainda incipiente sistema público de comunicação, como no caso da Radiobrás, que se comprometia com o esforço de universalizar democraticamente o acesso à informação.

A eleição de Dilma

A gestão de Lula teve sucesso na retomada do desenvolvimento, que beneficiou diferenciadamente as classe sociais. O PIB brasileiro voltou a crescer, chegando em 2010 a um percentual em torno de 7,5% de aumento em relação a 2009, recorde em muitos anos. A inflação manteve-se sob controle. Diminuiu o desemprego e aumentaram as contratações com carteira assinada, isto é, formalmente legalizadas. Cresceram as exportações e importações, com saldo positivo na balança comercial. Milhões de pessoas saíram da linha de pobreza e ascenderam socialmente, com alguma diminuição da desigualdade na distribuição de renda — mas sem que a pequena redução na diferença de renda entre os assalariados tivesse correspondência com a enorme diferença de ganhos entre o trabalho e o capital. Este continuou a concentrar-se nas mãos de empresários, os mais beneficiados pela retomada do desenvolvimento. O governo conseguiu sair-se bem até da crise econômica mundial de 2009, ano em que o PIB reduziu-se em 0,6%, percentual pouco expressivo se comparado ao de outros países afetados.

Seguiam problemas como os de saúde pública (os casos de dengue, por exemplo, chegaram a números alarmantes), a qua-

Dilma elegeu-se presidente com 56% dos votos válidos.

lidade duvidosa da educação pública fundamental, as elevadas taxas de juros, a sobrevalorização cambial e tantos outros. Não obstante, os êxitos faziam de Lula um poderoso cabo eleitoral para as eleições de 2010, já que a Constituição não permitia um terceiro mandato e ele resistiu à tentação de tentar mudá-la para seguir no governo. Lula escolheu pessoalmente a ministra Dilma Rousseff para sucedê-lo, colocando sua candidatura como fato consumado para o PT, mesmo que Dilma não fosse uma petista tradicional, já que seu passado imediato ligava-se ao PDT de Brizola. O discurso de que a nova política deveria brotar das bases da sociedade, representadas no PT, de baixo para cima, já era parte do passado no partido, em sua maioria convertido à ordem.

Muitos duvidavam que Lula conseguisse transferir seu prestígio e popularidade a Dilma, tida como administradora boa e séria, mas sem traquejo político e experiência em eleições. Nada que o sofisticado *marketing* político não pudesse resolver, especialmente com a propaganda eleitoral na televisão. A maioria da mídia e da oposição de direita tentou de todas as formas sabotar a candidatura de Dilma, até mesmo acusando-a de ser ex-terrorista e favorável ao aborto. Mas nem a ampla divulgação de um escândalo de corrupção às véspera do pleito, envolvendo sua principal assessora, Erenice Guerra, impediria a eleição de Dilma. Entretanto, ela só venceria no segundo turno, quando obteve 55.752.529 votos (56,05%), contra 43.711.388 (43,95%) do tucano José Serra. A chapa de Dilma era completada por Michel Temer, indicado pelo PMDB, dando seguimento à aliança do segundo governo Lula.

O resultado foi muito parecido com o de Lula quatro anos antes: a votação no governo concentrou-se nas regiões Norte e Nordeste, além de Minas Gerais e Rio de Janeiro. Ao passo que o PSDB de Serra venceria, por exemplo, em São Paulo e no sul do país. O eleitorado mais pobre mostrava-se fiel a Lula e à "mãe do PAC". Um fator importante a impedir a eleição já no primeiro turno foi a candidatura de Marina Silva, petista e ambientalista histórica que saiu candidata pelo PV. Ela recebeu quase 20 milhões de votos, 19,33% dos válidos, contra 46,91% de Dilma e 32,61% de Serra.

Marina Silva chegou a ser vencedora no Distrito Federal, atestando a atualidade e a popularidade do discurso em defesa do meio ambiente. A exemplo do PSDB a partir de 1994 e do PT de 2002 em diante, o pequeno PV de Marina também tratou de agregar forças à sua direita. Foi chamado para compor a chapa Guilherme Leal, dono de uma empresa de cosméticos, e a equipe de Marina era composta por economistas neoliberais.

Partidos mais à esquerda só marcaram presença: o PSOL de Plínio de Arruda Sampaio, o PSTU, o PCB e o PCO (Partido da Causa Operária). Todos somados, mal chegaram a 1% dos votos válidos.

Pela primeira vez, uma mulher, ex-guerrilheira, seria presidente do Brasil, prometendo dar continuidade ao desenvolvimentismo do governo Lula, comprometendo-se com a erradicação da miséria, mas mantendo-se dentro dos marcos da ordem estabelecida.

Representação política e fundo público

Em fevereiro de 2011, havia 27 partidos registrados no Tribunal Superior Eleitoral (TSE), 22 dos quais tinham ao menos um representante no Congresso Nacional. O eleitor precisaria tomar cuidado para não se perder na sopa de letrinhas das siglas. Sem contar que seria hábito dos políticos mudar de partido conforme seus interesses conjunturais.

Nas eleições de 2010, seis partidos conseguiram eleger mais de quarenta deputados federais: PT (88), PMDB (79), PSDB (53), DEM (43), PP (41) e PR (41). Outros sete emplacaram mais de dez deputados: PSB (34), PDT (28), PTB (21), PSC (17), PCdoB (15), PV (15) e PPS (12). Pela primeira vez, o PT tornava-se o partido com mais deputados federais. O PMDB também seguia forte.

Os partidos mais conservadores eram o PP e o DEM, que vieram da antiga Arena, base política dos regimes militares, além do PR, fruto da já referida fusão do PL com o PRONA em 2006. Havia outros pequenos partidos ideologicamente semelhantes, como o Partido Republicano Brasileiro (PRB) do senador carioca Marcelo Crivella, novo nome do Partido Municipalista Renovador (PMR), fundado em 2005, tendo como presidente de honra o então vice-presidente da República, José Alencar.

Como se vê, uma parte dos mais conservadores integraram a base de sustentação do governo Lula. Outra parte, não. Foi o caso notório do DEM, aliado do PSDB. Este se firmou como principal representante das classes dominantes e da alta classe média no Brasil na era FHC, um partido de centro-direita, embora ainda tivesse militantes fiéis a sua origem social-democrática, de centro-esquerda. Tal espaço passou a ser ocupado pelo PT, secundado pelo PSB, mas ambos abrigavam em seu interior uma gama ideológica diversificada. No centro, reinaria o PMDB, também ele um partido muito diferenciado internamente. À esquerda havia partidos que apoiaram o governo Lula, como o PCdoB, e partidos em franca oposição, caso do PSOL.

O projeto conciliador e pluriclassista de Lula e Dilma embaralhou mais ainda o até então já confuso cenário ideológico dos partidos, angariando apoios e oposição tanto à direita como à esquerda. O debate político remontava aos velhos debates entre liberais e nacional-estatistas, ambos bem ancorados na ordem constituída. Isso não significou que os sucessivos governos federais tenham sido idênticos, nem que todos os partidos fossem indiferenciados, mas sim que seu horizonte seria a participação e a integração na ordem social, política e econômica capitalista. Em outras palavras, haveria diferentes agentes e lutas entre eles, mas essa luta estaria circunscrita aos limites da ordem instituída, que em nenhum momento se veria ameaçada, pois seria tomada como um dado natural até mesmo pela maioria dos representantes políticos dos trabalhadores.

Em geral, os partidos contariam em suas fileiras com militantes e alguns políticos convictos de seus ideais, além de um sem-número de "fisiológicos", como se convencionou chamar políticos que barganhariam seu apoio ao governo. Receberiam em troca ministérios, secretarias de governo, direção de empresas públicas, canais de rádio e TV, cargos para apadrinhados e assim por diante. Durante a Assembleia Constituinte, eleita em 1986, os fisiológicos juntaram-se a outros conservadores num agrupamento suprapartidário que foi apelidado de "Centrão", responsável por barrar as propostas socialmente mais avançadas na Carta Magna. Informalmente, desde então, sempre houve no Congresso um bloco desse tipo em apoio a todos os governos federais, inclusive os do PSDB e do PT.

Em abril de 2011, diante dos dilemas da oposição derrotada nas urnas, surgiu o Partido Social Democrático (PSD), que retomou o velho nome da agremiação de Juscelino Kubitschek, extinta em 1965. Seu principal articulador foi o prefeito de São Paulo, Gilberto Kassab, junto de outros dissidentes do DEM. Mas o novo partido encontraria apoio também em descontentes de siglas como a do PSDB e do PP, buscando consolidar-se como força política de centro-direita. Desde logo anunciou-se a adesão de dois senadores e 31 deputados federais: o PSD já nasceu com bancada expressiva no Congresso.

A profusão de partidos talvez seja indicativa de que eles teriam deixado de ser o único meio de representação política. Especialmente nos anos do regime militar, o Congresso Nacional tinha função quase decorativa, sem poder de decisão significativo, pois este se concentrava nas mãos do poder Executivo, sobretudo na esfera da União, mas em parte também dos estados federados. Até hoje o Executivo, suas secretarias, ministérios, empresas e superintendências teriam bastante autonomia decisória, apesar da revigoração do Congresso com a Constituição de 1988. Nessa medida, passaria a ser fundamental fazer-se representar junto aos conselhos econômicos do Governo, que concentrariam nas mãos parte enorme do chamado fundo público, isto é, os recursos financeiros governamentais.

Desde os anos de 1960, pelo menos, houve uma imensa privatização do fundo público. O grosso dos recursos arrecadados pelo governo — ao invés de financiar prioritariamente saúde, educação, saneamento, habitação e cultura, que realmente são usufruídos pela maioria da população — acabaria financiando a acumulação privada, capitalista, de riquezas.

A apropriação privada do fundo público poderia ser direta, por exemplo, nos contratos governamentais com empreiteiras para construir pontes e estradas, geralmente por preços astronômicos, acima do que seria aceitável, ou ao emprestar dinheiro a juros baixos e condições especiais de pagamento a usineiros de açúcar, ou ainda ao isentar de impostos certos setores empresariais. Mas essa apropriação também poderia ser indireta, como no investimento estatal em setores essenciais ao mercado, mas que demandariam tantos recursos que o capital privado não teria condições de investir neles, como a construção de hidrelétricas. Essas, depois de prontas, cobrariam preços irrisórios pela energia fornecida a grandes empresas, transferindo-lhes assim parte do fundo público, já que o governo arcaria com o prejuízo na produção de energia.

Em grande medida, a representação política da burguesia passaria a ser feita diretamente junto aos poderes executivos e seus conselhos econômicos, deslocando assim sua representação institucional tradicional dos partidos políticos. Na outra ponta do processo, haveria um fenômeno paralelo no que tange à representação política das classes trabalhadoras, com o surgimento dos movimentos sociais.

Como no capitalismo contemporâneo, sobretudo no Brasil, o fundo público passou a ser o eixo da reprodução econômica da vida social, a luta política em grande medida tenderia a concentrar-se na disputa para direcionar os gastos estatais em benefício destes ou daqueles grupos sociais. Isto é, o Estado brasileiro passou a concentrar em suas mãos recursos enormes, vindos da arrecadação de impostos ou diretamente de sua intervenção no setor produtivo da economia. Do investimento governamental dependeriam os diversos grupos e classes sociais, que seriam beneficiados ou prejudicados, dependendo das aplicações feitas pelo governo com o fundo público. Daí os referidos *lobbies* empresariais para utilizar os recursos estatais a fim de financiar a iniciativa privada.

Em contrapartida, surgiriam movimentos a cobrar do Estado creches, hospitais, proteção ambiental, escolas, luz, água, esgoto, terras, diversão, moradia, enfim, uma série de reivindicações que implicariam o investimento dos recursos governamentais realmente em proveito público, não para financiar empresas privadas. Seriam novos mecanismos de representação política, estabelecidos pela base da sociedade em seus locais de trabalho, de moradia, de estudo etc. Esses movimentos não seriam identificáveis com partidos específicos, congregariam eleitores e partidos diversos, sobretudo aqueles que buscariam explicitamente representação junto aos trabalhadores. Eles tiveram momentos expressivos na história do Brasil, especialmente nos anos de 1980, depois entraram em relativo refluxo com o avanço do neoliberalismo.

A disputa pelo fundo público, entretanto, não elimina a importância dos partidos. Bem ou mal, eles continuam sendo o principal mecanismo de expressão da vontade política de indivíduos, grupos e classes sociais.

Conclusão: Duvidar de tudo

A esta altura, devem estar frustrados os leitores em busca de uma receita ideal para a atuação política. Repito que o objetivo deste pequeno livro não é dar uma fórmula, tampouco um consolo ou uma "boa consciência" aos leitores, sobretudo os que militam politicamente, para que fiquem satisfeitos consigo mesmos. Trata-se de mostrar a importância e as dificuldades da atuação política consciente, permanentemente crítica e autocrítica. E quem sabe colaborar para despertar a vontade política que todos têm, ainda que adormecida.

Não estamos num tempo de certezas. Mais do que nunca se impõe o lema favorito de Marx, o velho teórico revolucionário alemão: "duvidar de tudo". É difícil enfrentar as incertezas do presente, esse mundo enigmático em turbilhão de transformações que ameaça nos devorar, sem que aparentemente nada possamos fazer para decifrá-lo e mudá-lo. Existe a possibilidade da covardia política, de "deixar a coisa como está para ver como é que fica", deixar de vivenciar o momento histórico pelo qual passamos, em pleno século XXI. A beleza de encarar e decifrar os enigmas colocados pela roda-viva da história, que atropela tantos sonhos.

O encanto está no desafio de enfrentar este mundo desencantado, de criar opções políticas para o futuro quando aparentemente não há futuro. A repetição do presente parece infinita, sobretudo numa sociedade como a brasileira, tão desigual e misteriosa na sua diversidade, para cujos problemas seculares muitos julgam não haver solução.

Serão encontradas saídas? Quais? Em boa parte, as respostas dependerão da atuação política de cada cidadão, grupo ou classe social. O futuro está em aberto, em boa parte depende de nós, apesar dos limites e dificuldades para construir sociedades mais livres e socialmente justas.

Bibliografia

BASBAUM, Leôncio. *História sincera da República*. São Paulo, Alfa-Ômega, 1983, vols. 3 e 4.
COHN, Gabriel (org.). *Weber*. São Paulo, Ática, 1979.
EVERS, Tilman. "Identidade: a face oculta dos movimentos sociais". *Novos Estudos CEBRAP*, São Paulo, v. 2, n. 4, p. 11-23, abril, 1984.
GORENDER, Jacob. *A burguesia brasileira*. São Paulo, Brasiliense, 1981.
_____. *Combate nas trevas*. São Paulo, Ática, 1987.
IANNI, Octavio (org.). *Marx*. São Paulo, Ática, 1979.
JAGUARIBE, Hélio et al. *Brasil, 2000 — Para um novo pacto social*. Rio de Janeiro, Paz e Terra, 1986.
KINZO, M. Dalva Gil. *Oposição e autoritarismo, gênese e trajetória do MDB, 1966/1979*. São Paulo, IDESP/Vértice, 1988.
LAMOUNIER, Bolivar (org.). *De Geisel a Collor: o balanço da transição*. São Paulo, Sumaré/CNPq, 1990.
LAMOUNIER, Bolivar & MENEGHELLO, Raquel. *Partidos políticos e consolidação democrática — O caso brasileiro*. São Paulo, Brasiliense, 1986.
LÖWY, Michael. *Ideologias e ciência social*. São Paulo, Cortez, 1985.
OLIVEIRA, Francisco de. *O ornitorrinco*. São Paulo, Boitempo, 2003.
PILAGALLO, Oscar. *A história do Brasil no século XX (1980-2000)*. 2. ed. São Paulo, Publifolha, 2009.
REIS, Daniel Aarão et al. *História do marxismo no Brasil*. 6 volumes. Campinas, Editora da Unicamp, 2007.
RIDENTI, Marcelo. *O fantasma da revolução brasileira*. 2. ed. revista e ampliada. São Paulo, UNESP, 2010.
RODRIGUES, J. Albertino (org.). *Durkheim*. São Paulo, Ática, 1978.
SADER, Eder. *Quando novos personagens entram em cena*. Rio de Janeiro, Paz e Terra, 1988.
SADER, Emir & GARCIA, Marco Aurélio (org.). *Brasil, entre o passado e o futuro*. São Paulo, Boitempo/Fundação Perseu Abramo, 2010.

SINGER, André. "Raízes sociais e ideológicas do lulismo". *Novos estudos CEBRAP* [disponível online]. N.85, p. 83-102, 2009.

TELES, Janaína de Almeida *et al. Dossiê Ditadura*: mortos e desaparecidos políticos no Brasil (1964-1985). 2.ed., revista, ampliada e atualizada. São Paulo, Imprensa Oficial do Estado de São Paulo, 2009.